비즈니스 모델과 AI

인공지능총서

인공지능 시대입니다. 기계가 인간의 인지를 대신하고, 사물이 인간을 통하지 않고 다른 사물과 직접 커뮤니케이션합니다. 이에 따른 인간 삶과 문명 변화를 정확히 이해·예측·대응하는 것은 이 시대 우리 모두의 과제입니다. 인공지능총서는 인공지능 기술과 환경의 여러 주제를 10가지 키워드로 정리합니다. 관련 개념과 이론, 학계와 산업계의 쟁점, 우리 일상의 변화를 다룹니다. 인간과 기술의 현재, 미래를 세심히 분석합니다.

일러두기

- 인명, 작품명, 저서명, 개념어 등은 한글과 함께 괄호 안에 해당 국가의 원어를 병기했습니다.
- 외래어 표기는 현행 어문규정의 외래어표기법을 따랐습니다. 다만 '딥러닝', '딥마인드', '딥페이크', '솔루션' 등은 관행을 따랐습니다.

처음이세요?

전문가세요?

비즈니스 모델과 AI

이경전

대한민국, 서울, 커뮤니케이션북스, 2025

비즈니스 모델과 AI

지은이 이경전
펴낸이 박영률

초판 1쇄 펴낸날 2025년 1월 24일

커뮤니케이션북스(주)
출판 등록 2007년 8월 17일 제313-2007-000166호
02880 서울시 성북구 성북로 5-11
전화(02) 7474 001, 팩스(02) 736 5047
commbooks@commbooks.com
www.commbooks.com

ISBN 979-11-7307-386-1 03500

책값은 뒤표지에 표시되어 있습니다.

차례

비즈니스 모델 진화의 역사와 미래

전당포와 비디오 대여점을 아십니까?

1980년대까지 쉽게 볼 수 있었던 전당포들은 부가가치 통신망이라는 새로운 네트워크에 기반한 신용카드의 등장으로 사라졌다. 1990년대, 곳곳에 있던 비디오 대여점은 넷플릭스와 같은 OTT 서비스의 등장에 따라 사라졌다. 음악 레코드 판매점의 역할은 멜론, 아이튠즈 스토어, 스포티파이, 유튜브 뮤직과 같은 서비스가 대신하고 있다.

이제는 AI에 의해 새로운 비즈니스 모델(Business Model, BM)이 나타남에 따라 사업 환경이 변화할 것이다. 인터넷으로 인해 BM에 대한 논의가 시작되었다면, AI에 의해 또다시 BM에 대한 새로운 논의가 필요한 시점이다.

BM은 기술을 상업적 성공으로 전환하는 매개체다(Chesbrough & Rosenbloom 2002). AI 기술이 주목받고 있는 이 시대에 BM의 중요성이 새삼 커지고 있다. BM을 잘해야 AI도 성공이 가능한 것이다. 좋은 BM은 가치를 일으키는 혁신을 만든다. 부분적인 가치 창출에 그쳐서 시장에서 독보적 존재로 서는 데 충분하지 않은 '혁신 없는 가치'나, 기술 위주이거나 미래 지향적이기만하여 고객이 받아들이기 어렵거나 가격이 지불할 수 있는 수준을 넘어서는 '가치 없는 혁신'에 빠지지 않기 위해서는, 예외적으로 큰 가치를 창출하는 혁신을 해야 한다.

BM은 인간의 동기에 대한 이해로 출발하여, 수익 흐름을 끌어내는 과정이다. 가치를 창출하여 고객에 전달하고, 그 대가로 가치를 획득하여 이해관계자들에게 분배하는 과정이다. 고객이 지불할 가치가 있다고 생각할 만한 BM을 만들어 제공해야 고객이 지속적으로 참여하게 되고, 고객의 경험으로부터 다시 가치가 만들어진다. 가치 창출, 전달, 획득(추출)의 과정을 모두 잘 수행해야 하지만, 특히 압도적 가치를 창출할 수 있어야 한다. 창출된 가치 이상을 뽑아낼 수 없기 때문이다. 가치 창출은 고객들이 대가를 지불하지 않으면, 지속될 수가 없다. 고객은 가치를 구매한다. 제품, 서비스는 스스로 내재된 절대적 가치를 가지지 않는다. 같은 제품에도 고객들은 다른 가치를 인식한다. 고객은 가격, 기능 등 인지된 이익과 비용을 따지는 '이성적'인 과정만 아니라, 숨겨진 내재적, 무형적, 개인적, 감정적 가치에 좌우된다(Larreche

2008).

인공지능은 거품인가, 캐즘을 통과하는가?

예전에 인터넷 거품론이 있었던 것처럼, 'AI는 거품이다'라는 의견도 나왔다. 그러나 AI는 거품이 아니다. 단지 캐즘(Chasm)을 통과 중이다. 캐즘은 소수 고객 위주의 초기 시장에서 벗어나 대중적인 시장으로 넘어가는 단계에서 수요가 일시적으로 정체하는 현상을 말한다. '투자한다는 마음으로 사는 고객'에서 '실용적일 때만 사는 고객'으로 확대하는 과정에 존재하는, 넘기 어려운 골짜기다. 암호화폐와 NFT는 캐즘을 통과하지 못할 것으로 본다. 메타버스는 긴 캐즘을 겪을 것으로 본다. 그러나 AI는 캐즘을 통과 중이다. 전 세계의 사람들이 AI 서비스를 매일 사용하고 있는 상황이다. 모든 사람이 인터넷 서비스에 큰 가치를 느끼고 있는 상태에서 인터넷 거품론이 나왔었지만, 살아남은 기업들은 초거대 플랫폼으로 성장했다. 2011년경 한국의 많은 사람들이 카카오톡 서비스를 사용하고 있는 상태에서 카카오가 망할 것이라는 전망도 있었지만, 카카오는 살아남았고 급성장했다. 사람들이 많이 사용하는 것은 거품일 수가 없다.

AI 거품론은 AI가 돈은 못 벌고, 주가와 시장의 기대만

올려놓고, 결국 실망시킬 것이라는 두려움이다. 돈을 벌어야 거품이라는 말이 없어진다. 사업이 실패하는 가장 큰 이유는 고객에 주는 가치는 존재하나, 수익이 비용을 뒷받침하지 못해서다. BM이 매우 중요한 상황이 된 것이다. 결국 AI가, 고객이 느끼는 가치를 높여야 한다. 그래야 고객이 돈을 내기 시작한다. 암호화폐와 NFT가 캐즘을 통과하지 못할 것이라는 전망은 이들이 고객에 주는 가치가 없어서 나온다. 반면 AI는 분명 가치를 제공하고 있다. 챗지피티(ChatGPT)와 같은 생성 AI를 써 보면 고객에게 주는 가치가 분명 존재함을 실감할 수 있다. 문제는 매출과 이익 모델이다.

현대적 의미의 AI 산업을 본격적으로 탄생시킨 회사는 오픈에이아이(OpenAI)다. 챗지피티는 자동차 산업의 포드 T모델, 컴퓨터 산업의 애플2, 인터넷 산업의 넷스케이프 브라우저에 비견되는 혁명적 제품이자 서비스다. 챗지피티로 촉발된 AI 혁명은 인터넷 혁명 초기와 매우 유사하다. 지금은 아마존, 구글, 이베이와 같은 기업들이 창업되지 않았던 1994년 초와 유사하다. 많은 가능성이 열려 있다는 의미다. 엔비디아는 2000년에 미국 시가총액 1위를 기록하기도 했던 시스코에 비유될 수 있다. 산업 초기에는 인프라 및 하드웨어 중심의 매출이 창출되기 때문이다. 기업들 간의 경쟁으로 인해 대규모 언어모델(LLM)의 가격은 점점 감소하고 있다. 지피티(GPT)-4의 토큰당 비용은 출시 이후 18개월 동안 240분의 1로 하락했다. 대규모 언어모델의 실행 속도는 빨라지고 있다.

오픈에이아이는 인터넷 초창기 웹브라우저를 처음 보급한 넷스케이프와 유사하게도, 시장 창조에 기여했지만 극심한 경쟁과 고비용 구조, 불명확한 BM으로 인한 어려움을 겪고 있다. 사용자의 고착화가 어려운 점, 구글, 아마존 같은 기존 기업의 견제, 앤스로픽(Anthropic), 메타 AI, 미스트랄 AI 등 새로운 도전자들의 출현은 이 산업의 전망을 복잡하게 만들고 있다. 답변 엔진 퍼플렉시티(Perplexity.AI)는 인터넷 혁명 초기의 야후닷컴(Yahoo.com)이나 구글과 비교될 수 있으며, 크게 성장할 가능성을 보여 주고 있다. 반면 네이버나 구글은 30년 전 PC통신 서비스인 하이텔, 천리안, 아메리칸 온라인, 프로디지에 비유될 수 있으며, 아마존닷컴과 쿠팡은 30년 전의 오프라인 상점이나 백화점의 운명과 유사할 가능성이 크다. AI 에이전트에 기반한 상거래 BM이 나타나면, 기존의 전자상거래 기업들은 자신들의 성공적인 BM을 내려놓고 자신의 수익성을 파괴하는 새로운 기술에 투자하거나 이와 경쟁해야 하는 딜레마에 빠져

들 것이다.

인공지능과 비즈니스 모델의 관계

AI와 BM은 같이 연구되고 논의될 필요가 있다. 인공지능·비즈니스 모델 연구소(AI-BM.net)는 25년 이상 이 둘을 같이 연구했다. AI라는 기술의 성공을 위해서는 BM이 필요하고, BM은 AI 기술로 인해 더욱 풍부해지고 발전한다.

AI의 역사와 세계의 역사에 한 획을 그은 오픈에이아이도, 적절한 BM과 전략을 실행하지 못하면 회사의 존속이 불투명하다는 평가를 받아 왔다. 그런 과정에서, 2024년 10월 오픈에이아이는 66억 달러 규모의 투자를 추가로 유치하였다. 8조 원이 넘는 이 돈으로 어떤 AI 기술, 제품, 서비스를 만들어 내는가도 성공을 위해 중요하지만, 이를 어떤 BM으로 사업해 나갈 것인가가 어쩌면 더 중요한 것이다.

인터넷 기술의 발전으로 키워드 검색 광고, 콘텐트 매치 광고, 아이튠스와 앱스토어의 7:3 수익 분배 모델, 유튜브의 트루뷰 광고 모델, 휴대폰 소액 결제 모델, 프라이스라인으로 대표되는 역경매 모델, 페이스북으로 대표되는 소셜 미디어 모델, 우버, 에어비앤비와 같은 이른바 공유경제 모델, 넷플릭스로 대표되는 구독경제 모델 등 새로운 BM이 탄생하여 정착한 것처럼, AI는 새로운 BM을 탄생시킬 것이고, 지금 그러한 중요한 순간에 놓여 있다. 골드뱅크의 '광고를 보면 돈을 준다'라는 모델은 성공하지 못했고, 프리챌의 유료화 시도와 다음의 온라인 우표제도 실패했다. 왜 실패했을까? 왜 누구는 유료화에 성공하고 누구는 실패할까? 인터넷 시대에 여러 회사가 BM에서 시행착오를 겪고 흥망성쇠했듯이 AI 시대에도 많은 기업이 BM의 성공과 실패를 겪을 것이다.

AI 기법은 BM 연구에도 활용되어 왔다. 기계학습 분야의 대표적인 기법 중의 하나인 귀납적 학습 방법(예: ID3)을 활용하여 BM의 성공 요인을 분석할 수 있고, 심지어는 이러한 연구를 지피티-4의 고급 데이터 분석(Advanced Data Analytics)으로 진행할 수도 있다. 이러한 기법은, 에이전트 기반의 BM의 성공 요인 분석(Jin et al., 2003), 인터넷 사업의 유료화 성공 요인 분석(김병기 외, 2008), 화장품 구독 경제 서비스의 성공 요인 분석(이선미 · 진동수, 2023), 건물 관리 서비스의 성공 요인 분석(김인수 외, 2024) 등에 적용되어 왔다. 김병기 외(2008)의 연구는 인터넷 서비스의 유료화 시도에서 다음의 온라인 우표제와 프리챌의 유효화 시도 등은 실패했는데, 한게임의 유료화는 어떻게 성공했는지 연구한 흥미로운 사례다. AI 기술의 발전은 앞으로는, BM의 분석뿐만 아니라 BM을 만드는 데에도 활용될 것이고 BM 평가에도 활용될 것이다.

AI는 컴퓨터 과학의 꽃이고, BM은 경영학의 꽃이며, 제도는 행정 · 정책학의 꽃이 아닐까 한다. AI, BM, 제도는 생물에 비유하면 DNA 같은 것이다. 이 삼위일체가 잘 어우러져야 좋은 사회를 만들어 갈 수 있을 것이다. 사회를 구성하는 개인은 올바른 가치관에 따른 라이프 모델을 갖추어야 하고, AI를 활용하여 자신의 삶을 향상해 나가야 할 것이다(이경전, 2024).

AI는 AI 에이전트라는 새로운 주체를 등장시키고 있고, 그에 따라 새로운 거래 방식과 새로운 기업 모델이 등장할 것이다(이경전, 2024.7.29). 인터넷에 의해 탈매개화(disintermediation)와 재매개화(remediation)가 논의되었던 것처럼, AI에 의해 어떤 분야의 사업자가 사라지고 어떤 분야에 새로운 사업자가 나타날지도 중요한 이슈다. AI가 인간을 대체하는 것이 아니라 AI를 사용하지 않는 인간이 AI를 사용하는 인간에게 대체된다는 말처럼, AI에 의해 탈매개화되는 것이 아니라 AI를 활용하지 않는 BM이 AI를 잘 사용하는 BM에 의해 탈매개화되고 재매개화되는 과정을 거칠 것이다.

AI는 생산성 향상과 가치 창출의 새로운 엔진이다. AI는 범용 기술로서 증기기관, 내연기관, 전기와 같은 혁신 기술에 비교할 수 있다. 컴퓨터, 인터넷, 모바일이 산업 전반에 걸쳐 생산성과 효율성을 획기적으로 향상했듯 AI 역시 그와 같은 파급력을 가진 기술이다. 더 나아가 AI는 새로운 지식을 산출하고 산업과 직업 구조를 재편할 가능성을 제공하므로 사회는 이러한 변화에 선제적으로 대응하고 장기적 관점에서 준비할 필요가 있다. 전 세계적으로 AI 경쟁이 심화하고 발전 속도는 빨라지고 있다. AI 기술을 단순히 소비만 하거나 개발하기만 하는 것이 아니라, AI를 잘 활용하는 BM을 잘 만드는 기업, 정부, 개인이 많은 국가가 일등 국가가 될 것이다. AI 원천 기술 사업자와 이를 응용하는 사업자가 기업, 정부, 개인, 사회 공동체를 지원하는 선순환적 생태계를 갖추어야 하는 것이다.

인공지능 비즈니스 모델의 역사와 이슈

2016년 구글 딥마인드의 알파고가 이세돌과의 바둑 대결에서 승리함으로써 전 세계 사람들을 깜짝 놀라게 했지만, 알파고를 가지고 돈을 버는 BM을 제시하지는 못했다. 딥마인드의 AI 기술은 사업화되지 못한 상태였다. 미국인공지능학회(AAAI)는 1989년부터 매년 혁신적 인공지능 응용상을 수여했는데, 그때부터 지금까지의 대부분의 AI 응용은 그 자체로 사업이 되어 개인 고객을 만나고 개인 고객으로부터 수익을 얻는 이른바 B2C(Business to Consumer) 사업이기보다는 기업이나 정부에 AI 시스템을 개발해 주고, 그 개발비를 받는 B2B 용역 사업의 형태였다. 따라서 예전에는 AI 기술을 가진 회사의 사업성에 주목하기보다는, AI 기술을 적용받는 회사나 정부 기관의 비즈니스 프로세스 변화에 주목해 왔다. 이에, AAAI의 혁신적 인공지능 응용상을 수상한 사례 중에서 공공 부문에 적용한 대표적 사례를 몇 개 소개한다.

미국 금융범죄단속망은 다량의 고액 거래 자료를 연계·평가하기 위해 사람과 시스템이 협업하여 대규모 데이터를 검색하고, 규칙 기반 추론 등 여러 AI 기술을 통합 구현하여 일주일에 수십만 건의 거래를 처리하며, 자금 세탁 가능성이 있는 수백 건의 조사 보고서를 산출한다(Senator et al., 1995).

미국의 의료 보험 부정, 낭비, 오남용 탐지를 위한 의료 데이터 그래프 분석 시스템은 수백만의 환자, 수십만의 의사, 수만의 약국 및 기타 기관 간의 거래에서 발생한 의료 보험 청구 데이터에서 의심스러운 개인, 개인 간의 의심스러운 관계, 비정상적인 변화, 비정상적인 지리적 위치 등을 감지한다(Liu et al., 2016).

미국의 많은 주 정부의 중요한 수입원인 경마장의 사기, 범죄, 돈세탁을 감시하는 시스템 모니터플러스(MonitorPlus)는 모든 지불 정보와 계정 거래를 분석하여 숙련된 분석가들과 협력하여 수상한 패턴을 발견하는데, 이러한 방법은 복권, 카지노, 온라인 게임, 금융 서비스에도 적용 가능하다(Freedman & Isidore, 2010).

일본 도쿄의 항공사진을 이용한 도심 고정자산 변경 판정 시스템 리얼스케이프(RealScape)는 건물의 높이와 색상 변화를 자동으로 감지하여, 인간의 시각적인 판단보다 건물 변화를 더 정확하게 감지하면서, 인건비를 3분의 1로 감소시키고 예측 시간을 100평방킬로미터당 약 2주로 감소시켰다(Koizumi et al., 2009). 홍콩의 출입국 신청서 자동 평가 시스템은 수백만의 시민과 방문객에게 더 빠르고 더 높은 품질의 서비스를 제공하여, 간접적으로 도시의 경제 성장을 촉진한다(Chun, 2007).

위와 같은 공공 부문의 AI 응용은 정부 예산이 투입되어 진행되는 사례이지만, 기업 영역도 아니고 정부 기관도 아닌, 자연환경과 취약 계층 보호, 후진국 지원 등 사회적 가치를 위한 AI 응용은 정부 예산에만 의존할 수 없는 사각지대다. 따라서 민간 기업이 지원하는 BM의 형태로 진행되어 왔는데, 대표적인 것이 구글의 '사회적 가치를 위한 인공지능(AI for Social Good)' 프로젝트로, 다음과 같은 사례들이 있었다(Fuller & Dean 2019).

1) 오토바이, 택시 및 여러 장소에 설치된 공기 센서 데이터를 AI가 분석하여 대기 질을 모니터링, 예측하고, 개선 대책 제공, 2) 위성 이미지와 기계학습을 통해 불법 광산을 탐지하고, 산사태가 발발할 위치, 시기, 피해 지역을 예측하고 경고, 3) 기후 정보와 원격 감지 농업 데이터를 활용하여 관개에 필요한 물의 양과 관개 일정을 제공하여 물을 절약, 4) 폐기물 수거업체와 관리업체가 재활용률을 높이고 도시 환경미화원과 더 잘 연계될 수 있도록 돕는 이미지 인식 시스템을 통해 쓰레기 수거 방법을 개선하고 쓰레기 수거 시스템을 확대하여 해양 플라스틱 오염 감축, 5) 이미지 처리 알고리듬과 위성 네트워크를 사용하여 발전소의 탄소 배출 감시를 오픈소스 플랫폼으로 대체, 6) 생물 음향 모니터링에 모바일 기술과 딥러닝을 사용하여 열대우림의 건강 상태를 추적, 7) 농부들이 정기적으로 해충 포획기 사진을 찍으면 휴대폰의 AI 모델이 해충을 분류하고 수를 세어 수백만 농부

들이 농약 사용을 줄이도록 조언하는 등의 자연과 지구 환경의 지속 가능성을 위한 프로젝트들이 있다.

또 1) 항생제 내성 관리를 위해서 이미지 인식 AI 앱을 통해 의료진이 항균 이미지를 분석하고 적절한 환자 치료를 제공하도록 지원, 2) 백신 분해를 예측하여 위험에 처한 백신의 가치를 정량화하며, 안전하고 효과적인 백신 공급 보장, 3) 감정 분석 AI를 활용하여 성소수자 청소년 자살 방지 전화 상담사의 맞춤형 소통 지원, 5) 중요한 자살 동향과 개입 지점 파악을 도와 대기 시간 단축, 5) 청각 장애인과 수어 학습을 위한 번역, 6) 난민이 자신의 기술을 모국어로 문서화해 구직하는 과정 지원, 6) 인권 변호사 지원을 위해 법률, 피해자 증언 등 관련 정보 추출, 탐색, 7) 응급 상황에 날씨, 교통 상황, 위치, 응급 상황 유형 등의 요소를 고려하여 소방 응급 구조대원의 대응을 최적화하는 등의 보건, 복지, 안전을 위한 프로젝트들이 있었다.

그 외에 1) 딥러닝을 통해 학생들에게 작문에 대한 즉각적 피드백을 제공함으로써 글의 수정과 빠른 실력 향상을 지원, 2) 뉴스 및 기타 정보에 대한 팩트 체크 도구 제공, 3) 학부모가 교사, 자녀와 관계를 잘 유지할 수 있도록 안내하는 양방향 커뮤니케이션 및 개인 맞춤형 코

칭을 하는 프로젝트를 지원했다.

사회적 가치를 위한 AI 시스템은 수익성 있는 BM으로 발전해야 지속가능성이 있다. 네프론이라는 로봇을 개발한 수퍼빈은 페트병이나 알루미늄 캔을 집어넣으면 AI가 그것이 재활용 가능한 것인지 판정하여 수거를 도운 개인에게 금전적 이득을 제공하는 BM을 가지고 있다(이현주, 2020.11.11). 이렇게 사회적 가치 창출 모델도 넓은 의미의 BM이며, AI 기술의 성능과 효율성이 급격히 높아짐에 따라 이 분야의 독자적 지속 가능한 BM도 충분히 가능한 시대가 올 것이다.

AI에서 BM이 중요해지게 된 결정적 계기는 2022년 11월 30일에 출시된, 오픈에이아이의 챗지피티의 등장이다. 그 전에 자율주행 자동차 제품 BM을 취하는 테슬라, 서비스 BM을 취하는 웨이모의 경쟁도 흥미로웠고, 뤼이드(Riiid)와 같은 AI 기반 에듀테크 기업, 뷰노(Vuno)와 같은 의료 AI 기업, 원티드랩과 같은 구인 구직 분야에 새로운 BM을 제시한 기업들의 BM도 흥미로웠지만, 결정적인 것은 역시 챗지피티였다. 이러한 초거대 AI 모델에 기반한 회사들이 어떻게 생존할 것인가, 그러한 회사의 AI 모델을 활용한 이른바 AI 에이전트 서비스 기업은 어떻게 생존할 수 있을 것인가, AI로 인해 기존의 상거래, 미디어, 교육, 의료, 제조 등 각 산업과 그 안에 속해 있는 기업들의 BM은 어떻게 혁신되고 변화할 것인가, 그러한 과정에서 어떠한 새로운 BM으로 무장한 기업들이 탄생할 것인가 등 AI와 BM이 혼합된 중요한 이슈들이 많다.

참고문헌

김병기 외(2008). 인터넷 비즈니스 모델 변경의 성공과 실패요인에 관한 사례 연구: 유료화를 중심으로. 한국경영정보학회 학술대회논문집.

김인수 외(2024). 건물관리 서비스 활성화 가설 도출을 위해 귀납적 기계 학습으로 분석한 탐색적 다중 사례 연구. 춘계 한국지능정보시스템학술대회.

이경전(2024). Life with Intelligence: AI는 어떻게 인생의 무기가 되는가. 21세기북스.

이경전(2024.7.29). [이경전의 AI와 비즈니스 모델] 챗GPT의 시대, 벌써 저무나. ≪한국경제≫, A33면.

이선미·진동수(2023). 화장품 구독 서비스의 성공 요인 가설 도출을 위해 귀납적 기계 학습 방법을 적용한 탐색적 다중 사례 연구. ≪한국화장품미용학회지≫, 13(3).

이현주(2020.11.11). 이경전이 만난 AI 프런티어⑦ 김정빈 수퍼빈 대표. ≪한경비즈니스≫, 1302호.

Chesbrough, H. & Rosenbloom, R.(2002). The role of the business model in capturing value from innovation: evidence from Xerox Corporation's technology spin-off companies. *Industrial and corporate change*, 11(3).

Chun, A.(2007). Using AI for e-Government Automatic Assessment of Immigration Application Forms. *AAAI*

Freedman, R., & Isidore, I.(2010). Surveillance of parimutuel wagering integrity using expert systems and machine learning. *Proc. of AAAI 2010*, 24(2), 1732-1739.

Fuller, J. & Dean, J.(2019). Here are the grantees of the Google AI Impact Challenge. https://blog.google/outreach-initiatives/google-org/ai-impact-challenge-grantees/

Jin, D. et al.(2003). Generation of Hypotheses on the Evolution of Agent-Based Business Using Inductive Learning. *Electronic Markets*, 13(1), 13-20.

Koizumi, H. et al.(2009). Metropolitan fixed assets change judgment using aerial photographs. *Proc. of 21st IAAI.*

Larreche, J.(2008). *The Momentum Effect: How to Ignite Exceptional Growth.* Pearson Prentice Hall.

Liu, J. et al.(2016). Graph analysis for detecting fraud, waste, and abuse in healthcare data. *AI Magazine*, 37(2), 33-46.

Senator, T. et al.(1995).Financial crimes enforcement network AI system (FAIS) identifying potential money laundering from reports of large cash transactions. *AI magazine*, 16(4).

01
비즈니스 모델의 정의

티머스 이후 여러 연구자의 비즈니스 모델 정의를 소개하고, 이들 정의가 공유하고 있는 핵심 개념을 추출하며, 이들을 종합하여 비즈니스 모델을 가치 모델, 고객 모델, 프로세스 모델, 이익 모델 등 네 가지의 구성 요소로 나누어 설명한다.

AI와 1인 창업?

비즈니스 모델의 개념적 정의

'비즈니스 모델(Business Model, BM)'은 1990년대 이전에는 사용되지 않았던 용어로, 네트워크가 발전하면서 새로운 사업 방식들이 나타나자 이를 설명하기 위해 기업과 학계에서 사용하기 시작하였다. BM의 정의 중 가장 중요한 것은 폴 티머스의 정의다(Timmers, 1998). 그는 BM을 '사업 참여자 및 그들의 역할과 그들 간의 제품 · 서비스 · 정보 흐름의 구조', '사업 참여자들이 얻을 잠재적 이익', '사업 주도자가 얻을 수익의 원천'으로 정의했는데, 이후에 나온 정의들보다 명확하고 본질을 꿰뚫는 측면이 있다. 대부분의 정의들은 기업 관점에서 바라보는 측면이 강한데, 이 정의에는 '고객'이라는 단어가 없어 BM을 산업과 경제의 관점에서 바라보게 한다.

BM을 '가치의 흐름', '수익의 흐름', '물류의 흐름'으로 정의한 연구도 있다(Mahadevan, 2000). BM을 기업의 내부 활동으로 이해하기보다 기업과 관련 주체 간의 가치, 수익, 물류의 흐름으로 이해하고 있다. BM을 가치 창출을 위한 '거래의 내용', '거래의 구조', '거래의 지배 구조'를 묘사한 것이라고 정의한 연구도 있다(Amit & Zott, 2001). 거래의 내용은 교환되는 상품이나 정보, 교환을 가능하게 하는 자원과 능력을 말한다. 거래의 구조는 교환에 참여하는 당사자들이 연결되는 방식, 교환 발생 순서와 거래를 가능하게 하는 교환 메커니즘이다. 거래의 지배 구조는 정보와 자원, 상품의 흐름이 관련 당사자들에 의해서 통제되는 절차, 조직의 법적 형태와 거래에 참여하는 참여자들의 인센티브를 가리킨다. 이 정의 역시 BM을 기업 관점에서 주관적으로 바라보는 것이 아니라 산업 관점에서 객관적으로 바라본다는 특징을 가진다.

비즈니스 모델은 스토리

BM은 하나의 '스토리'다. BM을 만드는 것은 하나의 이야기를 구성하는 것이다(Magretta, 2002). 하나의 이야기에는 등장인물과 그들의 성격 · 역할 등이 있는 것처럼 BM에도 그와 대응되는 것들이 있다. 원래 모델이라는 것은 현실을 추상화한 것을 의미한다. BM은 기업의 다양한 사업 활동의 세세함을 일반화 · 추상화한 것이다. 건강한 BM은 좋은 이야기가 가지는 모든 요소를 가진다. 좋은 이야기에 잘 정의된 등장인물과 그 인물의 성격, 어떤 행동을 하는 동기가 있듯이 좋은 BM에는 그 사업에 참여하는 사업 참여자들에 대한 특성과 그들이 왜 BM에 참여하는지에 대한 타당한 동기 부여가 잘 설명되어 있다. 사업이 어떠한 플롯을 가지고 전개되어 가면서 가치를 창출할 것인지 설명한다. 성공적인 BM은 기존 대안보다 더 나은 방법을 담고 있다. 모든 이야기는 기존의 변형이고 인간의 경험을 관통하는 보편적 주제를 변주하는 작업인 것처럼, 새로운 BM 역시 세상의 모든 사업의 일반적인 가치 창출 활동에 대한 변주다.

기업은 BM, 미션, 비전, 고객 가치를 일관성 있게 연계함으로써 스토리텔링을 완성한다. BM과 직통하는 스토리를 통해 기업은 고객, 임직원, 이해관계자 등 모든 관계자와 커뮤니케이션하게 된다. 기업의 혁신과 변화를 계속 추진하기 위해서는 내·외부 구성원이 스토리의 형태로 BM을 공감할 수 있어야 한다. 스토리는 어떤 사상이나 철학, 편견 등과 독립적으로 공유될 수 있는 미디어이기 때문이다.

비즈니스 모델의 분석적 정의

BM을 네트워크 관점에서 바라보면, 사업 참여자가 노드(node)가 되고, 사업 참여자들 사이의 공급 사슬, 의사소통 통로, 금전적 흐름, 가치의 전달, 지식과 정보의 흐름 등의 각종 흐름과 공유 및 거래 관계가 링크(link)가 된다. 각 노드들은 처리 프로세스와 의사 결정 모형을 내부적으로 가지게 된다. 네트워크들은 각 추상화 단계에 따라 구분될 수 있고 추상화 단계가 가장 높은 네트워크 표현에서는 사업 주도자가 하나의 노드로 표현될 수 있지만, 표현이 상세화됨에 따라 사업 주도자가 여러 사업부 등으로 구체화될 수 있다. 사업 주도자가 하나의 노드로 표현되는 수준에서는 이 사업 주도자가 그를 둘러싼 산업 환경에서 어떠한 위치를 차지하고 있는지가 나타나게 되며, 사업 주도자가 여러 개의 노드로 상세화되어 표현될 경우에는 그 사업 주도자를 구성하는 세분 단위가 수행하는 활동이 표현된다.

BM의 사업 참여자는 사업 주도자, 고객, 공급자, 협력자 등으로 구분될 수 있는데, 고객은 BM을 설계하는 데 가장 중요하다. 고객이 원하지 않는 BM은 성공할 수 없기 때문에 고객의 요구를 파악하여 BM을 만드는 것은 올바른 BM 설계의 전제 조건이다.

흐름과 네트워크의 관점에서 BM을 정의한 초기의 BM 정의와 달리 2000년대 초반부터는 BM을 분석적으로 정의하는 과정에서 '고객'과 '시장'이라는 요소가 명시되기 시작했다. BM의 기능을 '가치 제안 정립(기술에 기반한 제공 내용에 따라 창출된 가치)', '세분 시장 정의(기술이 누구에게 유용한지, 어떤 목적으로 사용되는지)', '가치 사슬 구조 정의(제공 내용을 창출하고 배포하기 위해 필요한 가치 사슬)', '비용 구조와 잠재 이익 추정', '공급자와 고객을 연결하는 가치 네트워크상에서의 위치 선정(잠재적 보완자와 경쟁자 포함)', '경쟁 전략 형성(혁신 기업이 경쟁자에 비해 얻을 경쟁 우위)' 등 6 요소로 정의한 것은(Chesbrough & Rosenbloom, 2002), '목표 고객에 대한 가치 제안과 묶음', '제안된 가치를 실현하기 위한 제품, 서비스, 정보', '유일하고 방어 가능한 자원 체계', '재무 모형' 등의 4 요소로 압축될 수 있고(Rayport & Jaworski, 2003), 이는 BM을 고객 가치 제안, 핵심 프로세스, 핵심 자원, 이익 공식으로 정의한 형태(Johnson et al., 2008)로 더 진화하였다.

BM의 구성 요소를 고객 세그먼트(얼마나 상이한 유형의 사람 · 조직을 겨냥하는지), 가치 제안(특정 고객 세그먼트의 필요 가치를 창조하는 상품 · 서비스 조합), 채널(가치 전달을 위해 고객과 소통하고 상품 · 서비스를 전달하는 방법), 고객 관계(특정 고객 세그먼트와 어떤 형태의 관계를 맺을 것인가), 수익원(각 고객 세그먼트로부터 창출하는 현금), 핵심 자원(사업을 원활히 진행하는 데 필요한 중요한 자산), 핵심 활동(사업을 영위해 나가기 위해 해야 하는 중요한 일들), 핵심 파트너십

(BM을 원활히 작동시켜 줄 수 있는 '공급자-파트너' 간 네트워크), 비용 구조(BM을 운영하는 데 발생하는 모든 비용) 등 9개 요소로 나누어 분석하는 방법(Osterwalder & Pigneur, 2010)도 있는데, 경쟁 분석과 경쟁 구조 고려의 부족, 기업의 미션 · 비전 등 전략적 목적의 배제, 성과 측정에 대한 고려 부족, 기존 기업의 BM 혁신을 위한 적용 어려움 등의 단점이 지적되어 왔다(Ching & Fuvel, 2013). BM 구성 요소의 템플릿을 제공하고 그 빈칸을 채우면 저절로 BM이 설계된다고 생각한다면, 그건 오해다. BM에 대한 구조적 지식, 해당 산업 또는 타 산업에서 BM의 역사, 성공 실패 사례에 대한 내용적 지식, 창업자 · 최고경영자(CEO) · 주주 등 기업 구성원의 특성, 핵심 기술의 속성에 대한 이해와 통제 가능성 등 다양한 변수를 고려해야 한다.

기존 BM 연구를 참조하고, BM 개발 및 평가 프로젝트를 수행한 경험을 통해 BM을 다음과 같이 정의한다. BM은 가치, 고객, 프로세스, 이익이라는 4 요소에 대한 설명으로, 기술 변화, 제도, 경쟁, 거시 환경을 고려하여 상황 적응적으로 수립되어야 한다.

1) 가치 모델: 사업 주도자와 고객을 포함한 사업 참여자들의 역할과, 이들 사이에 가치, 제품, 서비스, 정보,

돈이 어떻게 흐르는지에 대한 설명

2) 고객 모델: 최종 가치를 향유할 고객 집단(목표 고객)의 특성, 단계적 세분화, 비고객에 대한 고찰

3) 프로세스 모델: 사업 주도자의 산업 내 위치, 사업 활동 범위, 범위 내 활동 배열 선정에 대한 설명

4) 이익 모델: 비용 및 이익 구조에 관한 것으로, 사업 개시 및 지속에 소요되는 비용 요소와 예상되는 매출 및 이익 공식의 추정

이러한 BM의 개념은 출발에 불과하다. 현실에서는 BM을 개발하거나 평가하는 과정이 중요하다. BM 개발은 매우 창의적이고 비구조화된 과정으로, 구조화하는 것이 쉽지 않다. 다만 BM을 개발하는 과정에서 가져야 할 지식과 원리를 숙지함으로써, 어느 정도 구조화 · 객관화할 수 있게 될 것으로 예상된다. 과학 연구에서 가설을 세우고, 관찰 및 실험을 하고, 검증을 통해 가설을 확인하거나 수정하는 것과 같이 BM을 개발하는 과정 역시 사업 가설을 세우고 시행착오의 과정을 통해 그 가설을 확인 및 수정해 나가는 것이 필요하다.

참고문헌

Amit, R., & Zott, C.(2001). Value Creation in e-Business.

Strategic Management Journal, 22(6-7), pp.493–520.

Chesbrough, H. & Rosenbloom, R.(2002). The role of the business model in capturing value from innovation: evidence from Xerox Corporation's technology spin-off companies. *Industrial and Corporate Change*, 11(3).

Ching, H. & Fuvel, C.(2013). Criticisms, variations and experiences with business model canvas. *European Journal of Agriculture and Forestry Research*, 1(2).

Johnson, M. et al.(2008). Reinventing your business model. *Harvard Business Review*, December.

Magretta, J.(2002). Why Business Models Matter. *Harvard Business Review*, 80(5), pp.86–92.

Mahadevan, B.(2000). Business Models for Internet–based e–Commerce: An Anatomy. *California Management Review*, 42(4), pp.55–69.

Osterwalder, A., & Pigneur, Y.(2010). *Business model generation.* John Wiley and Sons. 유효상 옮김(2011). 『비즈니스 모델의 탄생』, 타임비즈.

Rayport, J. & Jaworski, B.(2003). *Introduction to e–commerce.* McGraw–Hill, Inc.

Timmers, P.(1998). Business Models for Electronic Markets. *Electronic Markets*, 8(2), pp.3–8.

02
비즈니스 모델과 전략, 제도, BM 특허

비즈니스 모델과 전략의 차이점을 설명하고, 게임의 법칙, 제도로서의 비즈니스 모델을 이해할 필요가 있다. BM 특허라 할 때, 그것이 비즈니스 메소드 특허임을 숙지하고, 비즈니스 모델과 비즈니스 메소드를 구별하여 설명한다.

AI와 MBTI?

비즈니스 모델과 전략

BM을 처음으로 정의한 학술 논문이 1998년에 발표된 것을 보면, BM 연구는 상대적으로 새로운 분야다. 따라서 다른 개념들과 BM의 차이를 살펴보는 것이 BM이 무엇인지를 이해하는 데 좋은 방법이 된다.

BM은 경쟁을 고려해야 한다. 경쟁이 있는 곳에서는 이기기 위한 '전략'이 필요하고, BM은 전략적으로 수립되어야 한다. 경쟁을 고려한 차별적인 BM을 수립하는 것이 중요하기 때문에 많은 사람들이 BM과 전략을 혼동한다.

BM과 전략의 큰 차이점은 차별화 개념이 들어간다는 것이다. 어떤 식으로 경쟁자를 이길 것인가라는 개념이 포함된 부분이 전략이다. 경쟁자를 이기기 위해서는 달라야 하므로, BM이 독자적 지속 가능성의 영역이라면, 전략은 경쟁자와의 차별적 영역이다. 누가 고객이고, 그들에게 어떤 가치를 제공함으로써, 어떻게 돈을 벌 것인지를 설명하는 것이 BM이라면, 전략은 차별화를 통해 경쟁자를 어떻게 이길 것인지 설명하는 것이다(Magretta, 2002). 전략이 경쟁력을 구성하는 주요 요인이지만, 지속 가능한 우위를 획득하기 위해선 좋은 BM이 선행되어야 한다.

좋은 BM이 있다고 해서 성공하는 것은 아니다. 좋은 BM은 성공의 필요조건이지 충분조건은 아니기 때문이다. 성공한 사업은 좋은 BM을 가지지만, 좋은 BM이 늘 성공하는 것은 아닌데, 이는 경쟁 때문이다.

BM 혁신은 기존 기업과 신규 진입자가 모방하기 어렵게 차별화될 수 있다면, 경쟁 우위를 확보하는 통로가 된다. BM은 고객에게 가치를 창출하고 전달하는 방법을 보여 주는 논리를 명확히 설명해야 한다. 차별화된 BM이 수익을 창출할 가능성이 더 높다. 그러나 성공적인 BM을 개발하는 것만으로는 경쟁 우위를 확보하는 데 충분하지 않다. 일단 구현되면 BM은 투명하고 모방하기 쉽기 때문이다. 새로운 BM을 구현하여 얻은 경쟁 우위를 보호하기 위해서는 전략과 BM의 결합이 필요하다. 전략 선택은 BM 설계보다 더 세밀한 작업이다(Teece, 2010).

BM은 '기업의 논리', 즉 이해관계자를 위해 기업을 운영하고 가치를 창출하는 방식이며, 실현된 전략의 반영이다. BM은 기업의 논리, 운영 방식 및 이해 관계자를 위한 가치 창출 방법을 나타내고, 전략은 기업이 시장에서 경쟁할 BM을 선택하는 것이라고 설명되기도 한다(Casadesus-Masanell & Ricart, 2010).

비즈니스 모델과 제도

BM은 '게임의 법칙'이다. 새로운 시장은 게임의 법칙을 만드는 곳에서 창출된다(Kim & Mauborgne, 2005). 이 게임의 법칙이 경영의 세계에서는 BM이 되고, 일반 사회에서는 각종 제도가 된다. 사회과학적으로 제도(Institution)는 게임의 법칙으로 정의된다(North, 1990). 경쟁 전략은 한계가 있으므로, 경쟁자가 아닌 고객에게 초점을 맞추는, 즉 새로운 게임의 법칙을 창출함으로써 경쟁 자체를 무의미한 것으로 만드는 것이 BM 설계자들의 주된 관심사다.

BM은 사업 주체의 시행착오와, 관련 이해관계자들의 선택의 과정을 통해서 성립되는 일종의 제도이며, 제도가 가지는 대부분의 특성을 계승한다(이경전, 2015). 제도란 '인간의 정치적 · 사회적 · 경제적 상호작용을 제한하는 인간에 의해 고안된 게임의 규칙'이다(North, 1990). 제도는 인간의 상호작용을 원활히 하도록 하는 안정적인 구조를 형성하여 불확실성을 제거하고, 다른 개인과의 행동을 원활히 하도록 하여 측정, 집행, 감시, 정보 비용 등 '거래 비용'을 감소한다. 행위자들의 유인 구조에 영향을 미쳐 궁극적으로 효율적인 사회 구조를 형성하는 역할을 수행한다.

좋은 BM 역시 재산권의 활용을 높이고 거래 비용을 줄여서, 사업 주체와 다양한 이해관계자에게 가치와 편익을 제공한다. 결국 제도가 인간이 창안한 제약(Human-devised Constraints), 게임의 규칙 등으로 표현되는 것과 같이, BM을 만드는 것 역시 사업 주체와 다양한 이해관계자 사이에서 작동하는 하나의 게임의 규칙을 만드는 것이며, BM을 만든다는 것은 잘 정착될 만한 제도를 만든다는 것으로 이해할 수 있다. 예를 들어, 키워드 검색 광고 BM은 인터넷 포털 및 검색 서비스를 사용하는 일반 사용자와 광고주 사이에 벌어지는 상호작용을 형성하는 일종의 제약 조건으로 기능한다. 모든 광고주가 인터넷 포털 및 검색 서비스에서 검색 결과의 제일 좋은 위치를 차지할 수는 없다. 검색 결과의 제일 좋은 위치를 차지하려는 광고주들의 경쟁 문제를 가장 효율적으로 해결하는 방안으로서 경매 방식의 광고비 입찰 모델에 기반한 키워드 검색 광고 BM이 자리 잡게 된 것이다.

입찰 방식의 가격 결정 모델은 광고주와 인터넷 포털 및 검색 서비스 사업자 사이의 협상 비용을 줄여 주었고, 다수의 인터넷 포털 및 검색 서비스 사업자와 다수의 광고주들이 협상해야 함으로써 발생하는 거래 비용은 오버추어(Overture)와 같은 기업이 광고 플랫폼으로 기능

함으로써 감소할 수 있게 된 것이다.

"한번 들린 습관은 고치기 어렵다", "과거는 현재에 영향을 준다"는 말은 경로 의존성(Path Dependence)을 의미하며, 이는 제도의 중요한 특성이다. 경로 의존성은 어떠한 경로(제도)가 형성되고, 사람들이 이 경로에 의존하기 시작하면, 이후에 주변 환경이 변화하거나 효율적인 다른 경로가 발견된다 하더라도 초기에 설정된 경로를 벗어나기 힘들다는 것이다. BM도 한번 고객과 관련 사업자에게 제시되면 변경하기 어렵기 때문에, 한번 BM을 잘못 수립하면 이를 바로 잡기 어렵고, BM의 변경도 고객과 관련 사업자가 이를 예측하고 용납할 수 있는 수준에서 이루어져야 한다.

비즈니스 모델과 비즈니스 메소드

종종 '비즈니스 모델 특허'라는 표현을 사용하는 경우를 볼 수 있는데, 이 용어는 잘못된 것이며, 비즈니스 메소드 특허만 있을 뿐이다. 이는 'BM'이 'Business Model'과 'Business Method'의 약자로 모두 해석될 수 있는 데서 생긴 혼란이다. 비즈니스 메소드 특허는 금융, 비즈니스 프랙티스, 경영, 비용과 가격 결정 분야의 자료 처리(Data Processing: Financial, Business Practice, Management, or Cost/Pricing Determination)에 관련한 특허라고 정의된다(USPTO, 2024). 한국 특허법에서도 발명의 카테고리를 물건과 방법으로 구분하고 있으므로, 비즈니스 모델보다는 방법으로 해석되는 비즈니스 메소드 또는 영업 방법 특허가 적절하다(특허청, 2024).

기업은 동일한 비즈니스 메소드를 가지고 다양한 방식의 비즈니스 모델을 구사할 수 있다(이경전, 2007). 고투닷컴(Goto.com)은 초기에 키워드 검색 광고 사업 방법 특허에 기반해 포털 BM으로 사업했으나, 이후 포털 모델을 폐기하고 포털과 광고주를 연결하는 플랫폼 모델로 전환한 후 기업명도 B2C 고객 친화적인 이름에서 B2B 고객 친화적인 오버추어로 변경했다.

어떤 비즈니스 모델의 기반이 되는 특정 비즈니스 메소드가 특허를 받을 수 있을지 몰라도, 비즈니스 모델 그 자체는 특허를 받을 수 있는 가능성이 매우 낮다(Teece, 2010). 비즈니스 모델의 기본 아이디어와 비즈니스 로직은 그 자체로는 지적 재산권의 보호를 받을 수 없다. 따라서 BM을 구현하려면 복제하기 어려운 시스템, 프로세스 및 자산이 필요하다. 이렇게 되면 BM이 어떻게 구현되는지 또는 실제로 어떤 요소가 가치 창출과 경쟁력의 원천이 되는지 이해하기 어렵게 불투명성을 만들 수 있다. 한편 선도 사업자의 BM을 복제할 수 있더라도, 기존 매출과 이익을 잠식하거나 다른 중요한 사업 관계를 뒤흔들 수 있다면 기존 기업은 이를 꺼릴 수 있다. 오픈에이아이(OpenAI)의 챗지피티(ChatGPT)로 촉발된 생성 AI 서비스 경쟁에서 구글과 네이버 등의 기존 기업이 다소 적극적이지 않은 것은 이들이 자신들의 키워드 검색 광고 수익을 생성 AI 서비스가 잠식할 위험을 감지했기 때문이다. 기존의 검색 엔진이 아닌, 응답 엔진(Answer Engine)이라고 스스로를 정의하고 있는 퍼플렉시티와 같은 서비스에 맞서 구글은 오버뷰(Overview)로, 네이버는 큐(CUE) 등으로 유사 서비스를 내놓았지만, 아주 활발한 마케팅을 전개하지는 않는다. 전형적인 혁신자의 딜레마(Christensen, 1997)를 겪고 있는 것이다.

참고문헌

이경전(2007). 비즈니스모델관점에서의 웹 2.0. ≪정보과학회지≫, 25(10), pp.16~22.

이경전(2015). 당신의 비즈니스 모델은 무엇입니까?. 세바시 573회, https://youtube.com/watch?v=qkwrrMctDR0

특허청(2024). 영업방법(BM)특허의 개요, https://kipo.go.kr/ko/kpoContentView.do?menuCd=SCD0200230

Casadesus-Masanell, R. & Ricart, J.(2010). From strategy to

business models and onto tactics, *Long Range Planning,* 43(2-3), pp.195~215.

Christensen, C.(1997). *The innovator's dilemma: when new technologies cause great firms to fail.* Harvard Business Review Press. 이진원 옮김(2020). 『혁신기업의 딜레마』, 세종서적.

Kim, W. & Mauborgne, R.(2005). *Blue Ocean Strategy.* Harvard Business Review Press. 강혜구 옮김(2005). 『블루오션 전략』, 교보문고.

Magretta, J.(2002). Why Business Models Matter. *Harvard Business Review,* 80(5), pp.86-92.

North, D.(1990). *Institutions, institutional change and economic performance,* Cambridge university press. 이병기 옮김(1996). 『제도, 제도변화, 경제적 성과』. 한국경제원.

Teece, D.(2010). Business Models, Business Strategy and Innovation. *Long Range Planning,* 43, pp.172~194.

USPTO(2024). Business Methods, https://www.uspto.gov/patents/basics/essentials/business-methods

03
가치 모델

시나리오 작성으로부터 시작하여, 슬로건 만들기, 후왓테이블(Who-What Table) 만들기, 전략 캔버스(Value Curve) 그리기, 포지셔닝 맵, 구매자 효용 맵(Buyer-Utility Map) 등 가치 모델을 설계하는 방법을 설명한다. 또 새로운 가치 탐색을 위한 가치 목록을 소개하고, AI가 어떤 새로운 가치를 창출할지 고찰한다.

AI와 난임 극복?

시나리오, 슬로건, 후왓테이블

BM 설계 시 제일 먼저 할 것은 시나리오 작성이다. 시나리오는 고객이 경험하게 되는 전체 이야기로, 구체적 상황을 이해하기 쉽게 설명하고, 그림보다는 여러 문장으로 서술하는 것이 여러 당사자 간에 오해를 피할 수 있는 길이다(이경전 · 전정호, 2007; 이경전 · 이종철 2006). 누가, 어떤 행동을, 어떻게, 왜, 어디에서 하게 될지를 기술한 문장들은 사업에서 발생할 에피소드들로, 이들 간 연결 고리에 모순점이 없는지를 초기에 파악해서 제거, 수정할 수 있기에 시나리오 작성은 BM 설계에 필수적이다. 이야기의 주인공이 되어 경험을 나열하다 보면, 말이 안 되는 이야기가 나올 수 있고, 그것들을 수정하면서 BM은 더욱 현실화되고 구체화된다. 시나리오 수정을 통해 기술의 사용성 제고를 위한 방법을 찾아내고, 목표 고객의 특성을 구체화할 수 있다.

시나리오를 만들고 사업 주도자 및 참여자들이 BM 내에서 어떤 역할을 수행하는지 정의하는 과정에서, 가치 제안을 중심으로 슬로건이 만들어진다. 사우스웨스트 항공은 고객들이 "자동차 여행 비용으로 비행기 속도의 여행을 즐겨라"라는 슬로건을 내세운다. 나파 밸리에 있는 스파클링 와인과 샴페인을 전문적으로 생산하는 샹동

(Chandon)은 "인생은 거품이 필요해(Life Needs Bubbles)"란 슬로건을 내세운다. 일상에서 색다른 무엇인가를 일깨우며, 이때 샹동의 거품 드링크 제품들을 생각나도록 하는 슬로건이다. 오픈에이아이는 "인공 일반지능이 모든 인류에게 혜택이 되도록 보장하는 AI 연구 · 배포 회사"가 미션이라고 밝히고 있다(OpenAI, 2024). 앤스로픽은 "안전을 최우선으로 하는 AI 연구 · 제품"이 슬로건이다(Anthropic, 2024). 오픈에이아이는 AI의 혜택을, 앤스로픽은 AI 안전을 강조하는 것이 인상적이다. 퍼플렉시티AI는 "지식이 시작되는 곳"이 슬로건이다(Perplexity.ai, 2024). 메타AI는 "더 연결된 세계를 위한 AI"가 슬로건이다(Meta AI, 2024). 퍼플렉시티는 지식을, 메타AI는 연결을 강조하는 것이 대조적이다.

다음 단계는 고객을 포함한 이해관계자별로 제공할 가치를 구체화하는 '참여자 분석'을 실시한다. 그들의 요구를 충족하기 위해 무엇을 제공할지 정하는 것으로, 누구(Who)와 무엇(What)에 대한 내용을 정하는 것이다. '누구'는 고객뿐만 아니라 사업 참여자 내의 공급자, 파트너 등까지 포함된다. '무엇'은 가치와 이를 구체화한 제품, 서비스, 정보, 인프라 등이며, 가치를 실현시키는 기술도 포함하여, 후왓테이블(Who-What Table)로 정리한다(Lee et al., 2006). 이 표는 사업 참여자를 사업 주도자, 고객, 공급자, 협력자 등으로 나누고, 표의 각 행에 이들의 역할, 제공 가치, 인센티브, 우려 사항을 정리하는 것이다. 어떤 인센티브, 잠재적 이익을 보고 참여하는지, 어떤 우려 사항이 있는지를 파악해, 이를 불식하는 방향으로 '시나리오'를 수정해 나간다.

예를 들어, 오픈에이아이와 퍼플렉시티, 뤼튼의 관계를 살펴보면, 퍼플렉시티나 뤼튼과 같은 AI 응용 사업자는 오픈에이아이와 같은 AI 원천 기술 사업자의 API 서비스를 대량 구매할 수 있는 고객사가 된다. 그런데 오픈에이아이는 서치지피티(SearchGPT)를 새로 내놓아 퍼플렉시티나 뤼튼과 경쟁 관계에 놓이게 되었다. 네이버 큐(CUE)는 네이버의 자체 AI 모델인 하이퍼클로바X를 사용해서 서비스를 하므로, 오픈에이아이의 서치지피티와 같지만 네이버는 퍼플렉시티의 고객이 아니고, 퍼플렉시티도 네이버의 고객이 아니다. AI 원천 기술 사업자에 해당하는 오픈에이아이가 서치지피티를 내놓아, 기존 고객사인 퍼플렉시티, 뤼튼과 경쟁 관계에 놓이게 되었다. 반면 앤스로픽 검색 기반 답변 엔진 서비스는 아직 안 하고 있으므로, 퍼플렉시티와는 경쟁이 없다.

비타민, 진통제, 그리고 습관성

BM이 새롭게 창출하는 가치는 비타민이 아니라 진통제여야 한다. BM은 개인이나 기업, 정부 등의 시급한 고통을 해결해 주는, 예외적인 가치를 창출해야 한다. 비타민과 같이 애매한 가치를 제공하면 성공 확률이 떨어진다. 또한 고객들이 중독될 정도로 강력한 습관성 제품, 서비스를 개발해야 한다. 습관성 사업은 '계기-행동-보상-투자'라는 네 단계 사이클을 가진다(Eyal, 2014). 사람은 어떤 계기를 통해 행동을 시작하게 되는데, 행동의 결과로 보상을 받게 되면 그 행위에 투자를 하게 된다. 연결된 세상에서, 반응은 즉각적으로 일어난다. 모호한 가치 창출에서 더 나아가 새로운 반응, 거래, 소통을 일으키고, 데이터를 산출하는 것이 중요하다(이경전 · 전정호, 2018; 이경전, 2016).

고객에 대한 새로운 가치 제안은, 경쟁자를 완전히 압도하는 경우보다는 상충(트레이드오프)을 발생시키는 경우가 많다. 결국 경쟁이란 트레이드오프를 발생시키는 것이기 때문에 지배적인 가치를 제공하는 것은 불가능하거나 적절하지 않다는 주장도 있다(Porter, 1996). BM이 고정된 상황에서, 제품과 서비스, 그리고 이를 생산하는 기업의 능력으로 경쟁을 하는 경우가 해당한다.

그러나 이러한 경쟁 중심의 전략 이론은 새로운 진입자의 위협은 고려하지만, 전혀 새로운 BM 등장에 직면하게 될 가능성은 고려 못 한다. 신용카드라는 새로운 BM이 등장하면, 전당포들이 그들 간의 경쟁에 몰두해 봐야 아무 의미 없다.

트레이드오프가 아니라, 비용 구조와 제공 가치 모두에 우위를 만들어낼 수 있어야 한다(Kim & Mauborgne, 2005). 비용 절감은 산업 내의 경쟁 요소를 제거하거나 줄이면서 이루어지고, 고객 가치는 산업 내에서 아직 한 번도 제공하지 못한 요소를 만들어 내거나 산업 표준 이상으로 제공하면서 상승 가능하다. 이렇게 하면, 증가와 창조에 집중하여 비용 구조를 올리고, 제품과 서비스를 과잉 설계하는 과오에서 벗어날 수 있다.

오픈에이아이의 챗지피티는 비타민인가 진통제인가? 아니면 습관성 제품인가? 지식근로자들에게 진통제가 아닌가 싶다. 게다가 초거대언어모델이 제공하는 서비스는 많은 지식 작업의 소요 시간을 줄여 주고, 생산성을 높여 주는 도핑과 같은 역할을 하고 있어, 이제는 사용을 끊을 수 없는 습관성 제품이 되고 있다. 다만, 사용자들이 특정 회사에 고착되는 상황은 아니다. 사용자들은 비용과 성능 등을 고려해서 오픈에이아이, 앤스로픽, 구글,

네이버 등 AI 원천 기술 사업자의 것을 직접 사용하기도 하고, 마이크로소프트의 코파일럿 서비스나 뤼튼과 같은 응용 사업자의 서비스로 자유롭게 옮겨 다니기도 한다.

가치 곡선, 전략 캔버스, 고객 효용 맵

경쟁자 BM과 비교를 위해 가치 곡선 또는 전략 캔버스를 그리면, 전략을 쉽게 이해하고 실행할 수 있다. 가로축에 가치 제안의 종류를 기재하고 세로축에는 그 가치의 정도(높고 낮음, 많고 적음)를 표시하는데, 산업 내 경쟁자의 가치 제안이나 대체재, 대체 산업의 가치 제안을 표시함으로써 새로운 BM이 제안하는 가치의 상대적 우위와 트레이드오프를 파악할 수 있다. 가치 곡선을 통해 현재 시장에서 기업의 전략적 포지션과 미래 전략을 시각화하여 확인할 수 있다.

마케팅에서 많이 사용했던 포지셔닝 맵도 있다. 2개의 차원을 만들어 경쟁하는 기업이나 산업과 비교하는 것이다. 예를 들어 1980년대까지만 해도 한국에서 맥주하면 O맥주였다. 당시 경쟁사인 C맥주는 쓰다는 평이 많았다고 한다. 그런데 C맥주는 신제품 H맥주를 만들면서 비열처리한 암반수 맥주라고 새로 포지셔닝했다. 졸

지에 업계 1위 맥주였던 O맥주는 열처리한 수돗물 맥주가 되었다. 이렇게 경쟁의 차원을 새롭게 제시하는 포지셔닝 맵을 만들 수 있다.

고객이 겪을 다양한 경험을 강조하면서, 가치 분석을 심화하는 '고객 효용 맵'을 만들어도 좋다. 가로축은 고객이 제품이나 서비스를 이용하는 행동 단계를(예: 구매, 배달, 사용, 보충, 유지보수, 폐기) 표시하고, 세로축은 고객에게 제공하는 가치(예: 고객 생산성, 단순성, 편리성, 위험, 재미, 이미지, 친환경성) 등을 표시하여 분석한다(Kim & Mauborgne, 2005).

작성된 고객 효용 맵을 통해서, 새롭게 제시되는 BM이 기존 BM과 다른 가치를 만들어 낼 수 있는지 검증할 수 있다. 만약 고객 효용 맵에서 작성되는 칸이 경쟁자의 칸과 내용이 유사하다면, 새로운 블루 오션을 여는 것이 아니라 기존 레드 오션에 진입하는 것이므로 BM을 수정할 필요가 있다. 또 이 맵에서 설정한 고객 행동 단계는 프로세스 모델과 상호 연계된다.

가치 목록

가치 모델의 설계자는 우리 인간이 어떤 가치를 추구하는지에 대한 목록을 가지고 있으면 좋을 것이다. 예를 들어, 로퍼 레포트(Chow & Amir, 2006)는 1997년부터 30여 국가에서 성인들을 대상으로 다음과 같이 57개의 보편적 인간 가치의 목록을 구성하였다.

1) 성취 추구: 부(富), 권력, 지위, 야망, 건강, 물질적 안정, 공적 이미지, 용기, 인내

2) 재미 추구: 흥분, 레저, 개성, 즐기는 삶, 쾌락, 재미, 오늘을 즐기는 삶, 모험, 외양, 다양한 삶

3) 창조 추구: 미모, 자긍, 창의성, 자신감, 자유, 호기심, 지식, 지혜, 일 성취, 국제화, 학습, 음악, 개방성

4) 헌신 추구: 영성, 전통, 의무, 순종, 조상, 전통적 성역할, 신념, 겸손

5) 친밀 추구: 정직, 개인적 관계 유지, 가족 보호, 진정성, 개인적 유대, 로맨스, 지속적 사랑, 우정, 섹스

6) 이타성 추구: 자연 조화, 정의, 봉사, 사회적 관용, 환경 보호, 사회 안정, 평등, 사회적 책임

이러한 가치 목록은 브레인스토밍을 하지 않고도, 체계적으로 가치를 열거해 가면서 새롭게 가치를 창출할 수 있도록 돕는다. 만약 BM 설계자가 별도의 가치 목록을 제시할 만한 근거가 있다면, 다른 가치 집합을 선택할 수도 있으며, 위 57개 가치에 새로운 가치를 추가할 수도 있을 것이다. 사회 환경의 변화에 따라 인간이 추구하는

새로운 가치가 등장할 수 있기 때문이다. 로키치(Rokeach, 1973)는 36가지 인간의 보편적 가치를 제시했는데, 여기에는 2006년 로퍼 레포트에 들어 있는 '자연 조화', '환경 보호'와 같은 가치가 포함되어 있지 않다. 1970년대 초반의 인간 가치와 이후 30년이 지난 2000년대 중반 인간의 가치는 달라지고, 확장된 것이다(이준웅 · 이경전, 2009). 예를 들어, 디지털과 인터넷이 새롭게 창출한 가치는 무엇일까? "무엇을 하지 않을 자유, 굳이 가서 사지 않아도 될 자유"와 같이 귀차니즘으로 대표되는 새로운 가치를 창출했다고 볼 수 있다. 로퍼 서베이의 가치 목록에는 양성 평등과 같은 가치는 없다. BM 설계자는 자신의 나름의 새로운 가치 목록을 가질 필요가 있다. AI는 어떤 새로운 가치를 창출할 것인가? 이 역시 BM과 AI를 같이 논의하는 핵심 주제다.

참고문헌

이경전·이종철(2006). 유비쿼터스 구전 마케팅 시나리오와 비즈니스 모델 개발. ≪한국지능정보시스템학회 논문지≫, 12(1), 163~174쪽.

이경전·전정호(2007). 전시공간에서 모바일 RFID를 활용한 시나리오와 비즈니스 모델 제안. 추계 한국경영정보학회.

이경전(2016). 새 거래 창출해야 '결제서비스'가 산다 진통제

역할이든 새 습관 형성이든…. ≪DBR≫, 212, 38~42쪽.
이경전·전정호(2018). 『버튼 터치 하트』. 더난출판사.
이준웅·이경전(2009). 가치혁신의 체계화 방법으로서의 UIF Map 의 제안. 한국경영학회 융합학술대회, 1~36.
Anthropic(2024). https://anthropic.com/
Chow, S., & Amir, S.(2006). The universality of values: Implications for global advertising strategy. *Journal of Advertising Research*, 46(3), pp.301~314.
Eyal, N.(2014). *Hooked: How to build habit-forming products.* Penguin.
Kim, W. & Mauborgne, R.(2005). Blue Ocean Strategy. Harvard Business Review Press. 강혜구 옮김(2005). 『블루오션 전략』. 교보문고.
Lee et al.(2006). A payment & receipt business model in U-commerce environment, Proc. of the 8th ICEC.
Meta AI(2024). https://ai.meta.com/about/
OpenAI(2024). https://openai.com/about/
Perplexity.AI(2024). https://perplexity.ai/
Porter, M.(1996). Operational effectiveness is not strategy. *Harvard Business Review*, 74(6), pp.61~78.
Rokeach, M.(1973). *The Nature of Human Values.* Free Press.

04
고객 모델

캐즘 이론, 테크노그래픽스 등을 응용하여, 고객 모델을 설계하는 방법, 비고객 찾기 등 고객 모델 수립을 위한 다양한 방법을 설명하며, AI가 어떤 새로운 고객을 창출할지, 기업-고객 관계는 어떻게 변할지 생각해 본다.

AI와 사주?

고객 모델 세분화의 기초 : 기술 수용 주기

고객 모델은 BM이 목표로 하는 고객을 구체적으로 세분화하고 단계적으로 정의한 것으로, BM 진화의 기본 차원이 된다. 고객 집단은 BM과 관련하여 공통적 욕구와 필요를 가지고 있으며, 구매 결정 시 소속 집단 내에서만 서로의 경험이나 사례를 참조하려는 성향이 있는 실재하거나 잠재하는 집단을 의미한다.

방법론으로 가장 기본적인 것은 불연속적 혁신이 일어나는 사업 분야에 많이 사용되어 온 기술 수용 주기에 입각하여 고객 집단을 단계적으로 설정하는 것이다. 불연속적 혁신은 고객의 기존 인프라 및 행동 양식에 불연속적인 변화를 초래하는 새로운 제품이나 서비스를 새롭게 제시하는 경우를 의미하는 것으로서, BM을 고민하는 대부분의 사업이 이에 해당한다.

이 이론에서는 고객을 기술 애호가, 선각 수용자, 전기 다수, 후기 다수, 지각 수용자로 구분한다. 각 고객 집단의 특성을 잘 이해하는 것이 중요하고, 각 고객 집단의 특성에 따른 전략을 수립, 실행하는 것이 중요하다. 한 집단에서 성공적이었던 가치 제안이나 마케팅 전략이 다른 집단에도 같은 효과를 발휘하지 못할 수 있고, 불연속적 혁신이 일어나는 제품이나 서비스의 경우에는 선각 수용자와 전기 다수 사이에 넘기 어려운 이른바 '캐즘(Chasm)'이 존재하기 때문이다(Moore, 1991).

BM 개발자는 이들 집단 각각에 대해 세부 가치와 이를 실현하는 제품, 서비스, 정보, 인프라 등을 정의해야 한다. 또한, '네트워크 효과'에 대한 개념을 가져야 한다. 네트워크 효과는 제품 또는 서비스를 통해 고객에게 제공하는 가치가 이에 내재된 가치에만 의존하는 것이 아니라, 그 제품이나 서비스를 사용하는 고객의 수에도 의존하는 효과를 의미한다. 네트워크 효과가 나타나는 사업에서는 고객이 많을수록 점점 더 그 사업이 유리해지는 경향이 있기 때문에 경쟁 환경의 사업 주도자 입장에서는 빠른 시간 내에 일정 규모의 사용자를 확보할 필요가 있다. 그런데 이 경우 기술 수용 주기론의 관점에서 초기에 확보해야 할 사용자는 기술을 애호하는 혁신자나 미래 가치를 중시하는 선각 수용자가 되는 것이고, 네트워크 효과가 현실로 나타나기 위한 임계 규모에 도달하는 시점은 전기 다수의 일부가 시작하는 순간으로 개념화할 수 있고, 이때 비로소 캐즘을 넘게 되는 것이다.

고객 모델의 세부 고객 집단의 특성

1) 기술 애호가는 최초가 되기를 원하는 집단으로, 기술

자체를 높이 평가하고, 제품 · 서비스 구조를 빨리 이해하며, 사용하면서 문제점을 발견해도 신기술이라는 이유로 관대히 용서한다. 신기술 검증의 문지기로서, 신기술 학습에 큰 관심을 가지며, 간혹 극심한 비평을 하지만 이를 활용해 결점 수정을 할 수 있다. 의문이 있을 때에는 최고 전문가에 접근해 해결하길 원하고, 결점이 있더라도 솔직하기를 원하며, 값싸기를 바라므로, 가능한 한 낮은 가격을 제시하거나 가격에 둔감할 정도의 매력적 제품 · 서비스를 제시해야 한다.

2) 선각 수용자는 진보적 선구자 집단으로, 신기술의 진가를 인정하며, 이익을 예견하고, 기회로 연결하는 통찰력으로 신기술을 타 분야에 연결해 주기도 한다. 기술 개발을 위한 초기 자본의 원천이 되며, 기술 현황을 알리고, 변화를 중개 · 촉진한다. 기술 애호가완 달리, 가격에 둔감하지만 서두르는 성향이 있다. 빠른 시장 진입을 통해 자신이 경쟁 우위를 획득하려 한다. 기술 개량보다는 근본적 혁신에, 기술보다는 전략적 활용 가능성에 초점을 맞춘다. 주변의 경험이나 참조 자료에 의존하지 않고, 스스로의 직관과 상상력에 의존한다.

3) 전기 다수는 실용적이고, 불연속성을 최소화하면서, 생산성 향상에 도움이 되는 것을 구매한다. 적용 사

례를 참조하여 의사 결정한다. 안정을 중요시하는데, 선두에 서면 다치기 쉽다고 생각하기 때문이다. 신중하며, 개척자로서의 의지는 없다. 전체 고객의 약 1/3에 해당하므로 시장 성장에 기여하고, 기업 입장에서는 판매가 증대되는 시점이므로 표준 채택에 영향력을 발휘한다. 선각 수용자와 달리 가격에 민감하여, 시장 선도자의 제품을 원하지만 공급자 간 경쟁을 선호하고, 일단 마음을 사로잡으면 충성 고객이 된다.

4) 후기 다수는 제품이 확고한 표준으로 자리 잡을 때까지 기다리고, 이미 많이 보급된 제품을 구매한다. 판매 기업의 한계 이익과 판매 원가가 함께 감소되고, 연구개발(R&D) 비용이 감가상각되는 시기에 나타나므로, 이 고객들을 잘 잡으면 상당한 이익이 발생할 가능성이 있다. 최종 구매 결정을 해 놓고도 사용자로서 자신의 능력에 대한 자신이 없어서, 사용에 필요한 모든 것이 함께 제공되는 것을 대폭 할인된 가격에 구매하기를 원한다. 따라서 낙후된 기술을 단일 기능의 시스템으로 포장하고, 가장 효과적으로 표적 시장에 배포할 수 있는 유통망을 확보하는 것이 중요한 성공 요인이다.

5) 지각 수용자는 새로운 제품 · 서비스에 비판적이며, 새로운 제품이나 서비스가 주류가 되거나 심지어 전

통이 되어야 수용하는 집단이다. 이들은 의심이 많고, 신기술을 활용하더라도 이용 방법을 알지 못하는 계층이며, 오래 사용한 물건에 사사로운 의미를 부여하고, 지극히 주관적인 느낌을 매우 중요하게 생각한다. 특히 마케팅 효과와 관계없는 계층으로, 아무리 노력을 하더라도 소용없는 계층으로 간주된다. 바우만 식으로 말한다면, '결함 있는 소비자' 또는 언더클래스(underclass)다(Bauman, 2007; 궁선영, 2023).

비고객 분석, 고객 매트릭스, 고객으로서 AI

비고객 분석(윤은정 · 이경전, 2009; 박아름 · 이경전, 2013)은 사업적 통찰력은 상대적으로 만족하고 있는 고객보다 비고객에서 온다는 생각하에, 기존 고객보다는 비고객에 관심을 기울이고, 구매자의 차이점보다는 공통적 반응을 살펴보고, 세분화보다는 비세분화를 추구하여, 고객 집단의 최대 규모를 포착하는 것이다. 비고객은 크게 1) 최소한 구매하지만 정신적으로 비고객, 2) 거부하는 비고객, 3) 선택의 여지도 없는 것으로 생각하는 비고객으로 나뉜다.

닌텐도 위는 게임기 시장에 '건강'이라는 새로운 가치를 제공하고 부모와 아이들이 함께 즐길 수 있게 만들어서, 자녀에게 전자 게임기를 절대 사 주지 않겠다고 다짐했던 비고객 부모들이 닌텐도 위를 구매하게 하였다. 즉, 기존 제품에 어떤 새로운 가치를 추가하여 비고객을 고객으로 끌어들인 사례다. 챗지피티와 같은 초거대AI 모델에 기반한 새로운 서비스는 비고객을 고객으로 전환시킬 것인가? 스마트폰 앱을 거의 사용하지 않던 사람에게 챗지피티 앱을 설치해 주고 AI와 말로 대화를 하라 했더니, 하루 종일 AI와 대화를 하더라는 이야기를 들었다. 스마트폰 앱의 비고객이 고객으로 전환되는 순간이다. 쉬운 음성 대화 인터페이스는 비고객을 고객으로 전환하는 잠재력을 가진다.

고객 모델은 여러 관점에서 고객을 재조명하여 계획을 세우는 것이다. 예를 들어, 포레스터 리서치의 테크노그래픽스는 신기술 소비자를 '신기술 수용 태도', '신기술 사용 동기(예: 경력, 가족, 오락)', '신기술 구매 능력'이라는 세 가지 차원에 근거하여 구분한다. 1) '앞서가는 선구자'는 고소득, 경력 지향적 신기술 선도 수용자, 2) '뉴에이지 가족주의자'는 가족과 교육에 중점을 두는 신기술 적극 수용자, 3) '마우스 중독자'는 고소득의 오락 추구적 신기술 소비자, 4) '신기술 추구자'는 사회적 성공을 위해 신기술을 수용하는 학생 또는 젊은 전문직으로, 저소득 소비자들 중 신기술 제품 소유 비율이 가장 높은 집단, 5) '디지털 희망자'는 가족 지향적인 저소득 신기술 애호가, 6) '기계 장치 마니아'는 저비용 · 고기술의 장난감을 구매하는 신기술 중심의 오락에 관심이 많은 저소득층 소비자, 7) '출세 지향자'는 신기술에 대한 수용성이 낮은 성공한 전문직, 8) '전통주의자'는 신기술을 의심하는 고소득 가족 중심적 개인, 9) '미디어 중독자'는 고소득의 오락 지향적 개인들로서, 일방적 미디어의 시각적 소비자, 10) '소외 계층'은 저소득 신기술 혐오 집단으로, 신기술 수용성이 가장 적은 고객 집단, 즉 기술 수용 주기 이론의 지각 수용자에 해당한다.

AI 시대 고객 모델의 가장 중요한 이슈는 AI 에이전트 자체가 고객이 되는 BM이 많이 나타날 가능성이다. 많은 기업들이 AI를 회원으로 받을 것인가를 고민해야 할 것이고, AI가 사람인 척해도 그것을 허용할 것인가 말 것인가를 고민해야 할 것이다. 다만 AI에게 사람이냐고 물었을 때 사람이라고 대답하는 것은 '사기'로 간주해야 하는 것은 분명해 보인다. 위조 화폐가 중죄인 것처럼, AI가 사람인 척하는 것은 큰 '사기'로 간주해야 할 것이다. 그러나 AI를 고객으로, 회원으로, 직원으로 사용하는 것을 금지할 수는 없을 것이다. 왜냐하면 AI를 고객으로,

회원으로, 직원으로 두는 경제 체제가 더 번영하고, 인간이라는 진짜 존재를 행복하게 할 가능성이 크기 때문이다.

참고문헌

궁선영(2023). 플랫폼 시대의 커뮤니티 문화와 경제. 한국경영정보학회 춘계학술대회.

박아름·이경전(2013). 새로운 결제 서비스의 성공요인에 대한 사례연구. 한국경영정보학회 추계 학술대회, 591-605쪽.

윤은정·이경전(2009). UCC 지식 동영상 공유 서비스의 고객 모델 분석 사례, ≪지능정보연구≫, 15(1), 15~30쪽.

Bauman, Z.(2007). *Consuming life.* John Wiley & Sons. 궁선영 옮김(2024). 『소비하는 삶 소비되는 삶』. 새물결.

Li, C. & Bernoff, J.(2008). *Groundswell: Winning in a World Transformed by Social Technologies.* Harvard Business School Press. 이주만 옮김(2008). 『그라운드스웰, 네티즌을 친구로 만든 기업들』. 지식노마드 .

Moore, G.(1991). *Crossing the Chasm.* Harper Collins Publishers. 유승삼 옮김(2002). 『캐즘 마케팅』. 세종서적.

05
프로세스 모델

3대 가치 배열(Value Configuration)인 가치 사슬, 가치 상점, 가치 네트워크로 프로세스 모델을 파악하고 설계하는 방법을 설명하고, 인공지능의 발전으로 나타나고 있는 새로운 가치 배열로서 가치 엔진, 즉, AI 엔진을 소개한다.

AI와 아이돌?

프로세스 모델의 정의

프로세스 모델은 사업 주도자의 역할을 어디까지로 할 것인지 범위를 설정(산업 내 위치 선정)하고, 최종 고객을 상대할 것인가 아니면 다른 사업자들에 맡길 것인가, 어디부터 협력자, 공급자가 개입하게 되는지 등 활동을 배열[아웃소싱 여부, 제조 또는 구매 의사 결정(Make or Buy) 등]한다. 외부에 잘 드러나지는 않지만 참신하고 방어 가능한 내부 시스템(활동 배열) 구축은 매우 중요하다.

가치 사슬(Value Chain)은 기업의 가치 창출 과정을 표현, 분석하는 주된 도구였다. 전략적으로 중요한 활동들로 분해하고 이들이 비용과 가치에 미치는 영향을 살펴보는 것으로 주로 제조업에 적용되었으나, 서비스업 등을 분석하는 데는 적합하지 않았기 때문에 이들 업계에는 가치 상점(Value Shop), 가치 네트워크(Value Network)를 포함하는 대안적 가치 배열 방법론이 제안되었다(Stabell & Fjeldstad, 1998). 이는 제임스 톰슨(Thompson, 1967)의 3대 조직 기술(길게 연결된 기술, 전문적 기술, 중개 기술)에 따라 기업에 적용 가능한 가치 배열을 제안한 것이며, 산업의 특성에 따라 적합한 가치 배열이 다를 수 있다.

가치 사슬, 가치 상점, 가치 네트워크

1) 가치 사슬은 길게 연결된 프로세스를 거쳐 원재료를 가공하여 제품으로 변환하고, 이를 고객에 전달하여 가치가 창출되는, 투입과 산출이 명확한 제조업에 유용하다. 본원적 활동(물류 투입, 생산 운영, 물류 산출, 마케팅 · 판매, 서비스 등)과 지원 활동(인프라, 인적 자원 관리, 기술 개발, 조달 등)으로 구성된다. 엔비디아의 그래픽처리장치(GPU) 제조 판매 사업, 테슬라의 자율주행 자동차 제조 판매 사업 등이 전형적인 가치 사슬이다.

2) 가치 상점은 전문적 기술로 고객의 특수하고, 다양한 문제를 해결하는 산업에 적용된다. 표준화된 상품을 대량 생산하는 가치 사슬에 비해, 고객의 문제 해결에 적합한 자원과 활동들로 구성된다. 주로 전문 서비스를 제공하는 분야에 적용되는데, 본원적 활동은 문제 발견 및 습득, 문제 해결, 선택, 실행, 통제와 평가를 반복 수행하는 것이며, 지원 활동은 가치 사슬과 유사하다. 고객과 전문가 사이의 정보와 지식의 비대칭 때문에 고객이 전문가를 찾게 되는 과정에서 가치가 창출된다. AI 시스템 개발 기업 포티투마루, 제조 기업의 AI화를 돕는 마키나락스 등이 사례다. 이들은 고객사의 업무를 파악하고, 데이터에 기반해 AI 시스템을 개발해 제공한다. 명성을

높여 고가로 수주하거나 지속하는 것이 중요하다. 단발성 계약으로 머물지 않도록 가입비형 모델로 지속 성장을 꾀할 수 있다.

3) 가치 네트워크는 중간 매개자로서 고객들을 상호 연결하여 가치를 창출한다. 적용될 수 있는 분야는 상호 의존적인 고객들을 연결해 주는 중개 기술에 의존하는 산업이다. 서로 알맞은 상대방을 추천해 주거나 맞지 않는 상대방은 제외하는 등 참여자들을 직 · 간접적으로 연결한다. 네트워크 참여자들 사이에는 공급자-소비자 관계 등이 형성될 수 있으나, 중개 기업의 입장에서는 이들 모두가 자신의 고객이다. 참여자가 증가할수록 서비스 가치가 증가하는 네트워크 효과가 존재한다. 가치 네트워크의 가치는 서비스 자체뿐만 아니라 서비스 능력 및 기회에서도 도출된다. 고객의 입장에서 네트워크의 크기가 클수록 다른 잠재적인 고객과 연결될 가능성이 높기 때문이다.

가치 네트워크의 본원적 활동은 1) 네트워크 프로모션(promotion)과 계약 관리(네트워크를 구축하고 확충하고, 고객들을 확보하고, 서비스를 제공하기 위한 계약을 관리하는 활동), 2) 서비스의 제공(네트워크 내의 고객을 연결을 관리), 3) 하부구조의 운영(물리적 또는 디지털 하부구조를 유지, 운영)이며, 지원 활동은 가치 사슬, 가치 상점과 유사하다.

오픈에이아이의 지피티 스토어(GPT Store)나 캐릭터 에이아이(Character.AI)가 전형적인 가치 네트워크 사례다. 지피티(GPT)-3.5, 지피티-4는 고착화(Lock-In) 요소가 별로 없어서, 선발 사업자로서의 우위를 발휘하기 어렵다. 그러나 지피티 스토어는 사용자들이 자신만의 지피티를 만들어 배포할 수 있게 하는 플랫폼의 역할을 하게 되어, 고객을 고착화한다. 엔비디아의 쿠다(CUDA)는 가치 사슬과 가치 네트워크의 결합이다. 뷰노도 가치 네트워크다(이현주, 2020.9.4). 특정 병원의 데이터를 활용해 개발한 AI 시스템을 다른 병원에 재판매하는 모델을 개발해 병원이 수요자이자 공급자가 되는 플랫폼 모델을 구축했다(이경전, 2020).

가치 사슬 기업은 고객이 중간 고객과 최종 고객으로 나누어지는 경향이 강하다. 중간 고객은 자사 또는 타사의 유통망일 수도 있고, 최종 사용자를 대신하여 의사 결정을 내리는 기업의 구매 부서일 수도 있다. 한편 가치 네트워크 기업은 고객이 두 개 이상의 이질적인 범주로 나누어진다. 예를 들어 매칭 AI 에이전트는 판매자와 구매자, 변호사와 의뢰인, 의사와 환자와 같은 두 종류 이상의 고객 집단이 존재한다.

AI 엔진 모델

AI 기업에 적절한 새로운 가치 배열로 AI 엔진모델을 제안한다(이경전 외, 2020; 이경전 · 황보유정, 2020). 엔진이란 다른 에너지를 기계 에너지로 변환하는 기계로, 예를 들어 내연 기관은 연료를 연소하여 운동 에너지로 변환한다(이경전 · 손동성, 2020). AI 엔진은 데이터를 연료로 활용하여 가치를 극대화하는 행동을 산출한다. 기업은 자사의 사용자가 늘어남에 따라 데이터가 축적되고 엔진의 성능이 최적화되며 이에 따라 경쟁력과 가치가 커지게 되는데, 이를 데이터 효과라 명명할 수 있다. 알체라와 같은 얼굴 인식 AI 엔진을 가진 회사, 보험 손실 규모 산정을 위한 AI 엔진을 가진 회사 등은 프로젝트 경험이 쌓이면서 점차 경쟁력과 가치가 커지는 데이터 효과를 누릴 수 있다(이경전, 2020.7.2).

AI 엔진의 목표를 최적화 문제로 표현하고 실행해 고객 가치를 높이고 데이터 효과로 경쟁력을 높인 예로 뤼이드가 있다. 뤼이드는 토익, SAT 등 사용자의 점수를 예측하는 데 오차를 최소화하고 문제 풀이 결과에 따라 사용자가 부족한 부분을 보충할 수 있는 문제를 추천함으로써 목표 성적에 도달하는 시간을 최소화하는 서비스를 제공한다(이경전, 2021).

사용자가 늘면서 사용자 효용이 더 증가해서, 많은 고객을 가진 사업자가 선형적으로(사르노프의 법칙), 제곱으로(멧커프의 법칙), 기하급수적(리드의 법칙)으로 더 많은 가치를 갖게 되는 네트워크 효과가 인터넷 기업을 설명하는 핵심 원리인 반면, AI 기업의 대표적 원리는 데이터 효과다.

아마존은 창업 초기인 1990년대부터 협업 필터링 엔진을 가동, 데이터 효과와 네트워크 효과를 동시에 발휘해 세계 최고 기업으로 성장할 수 있었다. AI 기업의 가장 중요한 특성은 데이터 효과로 최적화 효과를 극대화하는 기계학습 엔진의 존재다. 이를 네트워크 효과와 결합해 어떻게 플랫폼화할 것인가가 AI 엔진 기업 성장 전략의 핵심이라고 할 수 있다.

AI 엔진 모델의 5대 핵심 의사 결정 요소는 다음과 같다. 1) 가치 있는 목표의 설정과 확대 전략, 2) 데이터와 지식의 획득 전략, 3) 추론 및 최적화 전략, 4) 인간-AI 협업 전략, 5) 시스템 유지 및 운영 전략.

AI는 인간이 준 목표를 달성하도록 합리적으로 행동하게 하는 방법론이므로, AI 엔진 모델의 가장 중요한 의

사 결정 요소는 가치 있는 목표를 설정하고, 이 목표를 점차 확대해 나갈 전략에 대한 의사 결정이다. 두 번째로, AI 엔진에 기반한 기업은 그 엔진을 만드는 데 필요한 데이터를 어떻게 획득할 것인가, 그리고 기계학습 방법론과 지식 기반 방법론을 혼합할 경우 지식을 어떻게 획득할 것인가에 대한 전략 결정과 실행이 필요하다. 지식 획득을 자동화하는 방법이 기계학습 방법론이다.

지식의 유형으로는 사례, 규칙, 제약 조건 등이 있다. 이들 지식 각각을 이용하여 추론하는 방법으로, 사례 기반 추론, 컴퓨터 논리학, 제약 만족 문제 등의 AI 기법이 연구되어 왔는데, 최근에는 이 모든 것이 딥러닝으로 통합되는 추세다. 예를 들어서, 사례, 규칙, 제약 조건이 텍스트 형태로 조직에 보관되어 있으면, 추론에 사용될 때 이들 텍스트가 거대언어모델과 같은 AI 모델에 하나의 문맥으로 제공되고, 딥러닝에 기반한 모델이 이를 확률적으로 추론한다. 이렇게 되면 지식을 프로그램 코드와 분리하여 관리할 수 있어서, 지식을 유지 · 보수하기에도 용이한 측면이 있다.

추론이란 어떤 사실, 가정, 명령, 원칙 등 문장들이 주어졌을 때 어떤 새로운 정보를 가진 문장을 생성하는 것으로 정의될 수 있는데, 명시적 지식에 의한 정확한 추론이 아닌, 딥러닝 모델에 의한 확률적 생성이 주가 되는 추세에 비판적인 견해도 있다(Dalio, 2018). AI에 대해 깊이 이해하지 못한 채 기계학습된 모델이 만들어 낸 알고리듬이 추론해 낸 가설을 받아들이고, 심지어 이에 따라 행동하는 위험성에 대해 걱정하는 것이다. 기계학습에 맹목적인 믿음을 가질 것이 아니라, 인간이 업무 영역에 깊은 지식을 쌓고, 깊은 이해를 갖추는 것이 필요하다는 것이다. 미래 환경과 다루는 문제의 범위가 과거와 비슷하다면 기계학습에 기반한 의사 결정 과정이 매우 효과적이겠지만, 그렇지 않을 때는 철저하게 논리적 인과관계에 초점을 맞추어야 실제로 무슨 일이 벌어지고 있는지 알 수 있다.

결국 논리와 지식에 기반한 방법과 기계학습에 기반한 방법이 함께 일하고 서로를 이중으로 확인하는, AI엔진의 네 번째 핵심 의사 결정 요소인 '인간-AI 협업 전략'이 중요하다. 이해하지 못하는 알고리듬에 의존하는 것보다는 인과관계를 깊이 있게 이해하는 것이 더 중요하지만, 경쟁 때문에 결국 컴퓨터가 발견한 이해할 수 없는 가설에 점점 더 중요한 결정을 의존할 수밖에 없게 될 것이며, 이 가운데 일부는 성공하겠지만, 다른 것들은 역효과가 발생할 수 있다는, 레이 달리오의 조언도 새겨 둘 필요가 있다(Dalio, 2018).

참고문헌

이경전·손동성(2020). 인공지능 기업의 핵심 의사결정 요소 도출을 위한 Value Engine 모형화. 한국경영정보학회 추계학술대회.

이경전·황보유정(2020). 인공지능과 생산성. ≪정보과학회지≫, 38(11), 8-16쪽.

이경전 외(2020). 다분야 서비스 가능 기계학습 엔진 비즈니스 모델 사례 연구. ≪한국지능정보시스템학회 학술대회논문집≫.

이경전(2020.7.2). AI 기업 '데이터 효과'를 극대화해야. ≪한국경제≫, A33면.

이경전(2021). 임직원 역량 계량화해야 맞춤 교육 가능, 비실시간 비대면 방식이 효율성 높아. ≪DBR≫, 314.

이현주(2020.9.4). 이경전이 만난 AI 프런티어① 김현준 뷰노 대표: "의료 AI, 미·중에 결코 뒤지지 않아요…논문도 한국 기업이 압도적이죠". ≪한경비즈니스≫, 1292호.

Dalio, R.(2018). *Principles.* Simon and Schuster. 고영태 옮김(2018). 『원칙』. 한빛비즈.

Fjeldstad, Ø. & Snow, C.(2017). Business models and organization design. *Long Range Planning,* 51(1).

Stabell, C. & Fjeldstad, Ø.(1998). Configuring Value for Competitive Advantage: On Chains, Shops, and Networks. *Strategic Management Journal, 19*(5), pp.413~437.

Thompson, J.(1967). *Organizations in Action: Social Science Bases of Administrative Theory.* McGraw-Hill.

06
이익 모델

이익 모델 설계의 중요한 원리와 다양한 이익 모델의 종류에 대해서 설명하고, 이를 AI 기업의 사례와 연결하며, 인공지능 시대의 새로운 이익 모델의 가능성에 대해 생각해 본다.

AI와 야구?

고객의 지각 가치를 높이고 소통하는 과정

매출 변화는 고객 지각 가치의 상대적 변화의 제곱에 비례한다. 제품의 지각 가치가 올라가면, 고객의 지불 의사가 올라가서 가격을 올려 받을 수 있고 동시에 구매 의향자의 수가 늘어난다. 고객의 지각 가치가 상대적으로 변화한 만큼의 제곱으로 매출의 변화에 영향을 미치는 것이다(Sexton, 2009). 지각 가치는 고객이 제품이나 서비스에 대해 지불할 수 있는 최대치다. 영업 마케팅 활동은 결국, 지각 가치를 관리하는 것이고, 지각된 가치와 수요 곡선을 개선하는 것이다.

많은 BM의 실패는 고객에 주는 가치 제안은 존재하나, 그 대가로 얻는 수익 흐름이 비용을 뒷받침하지 못한 것이 가장 큰 이유다. 특히 디지털 사업의 경우, 복사 용이 신속성 등으로 인한 고객과 경쟁자의 무임승차 성향은 수익성 좋은 모델을 만들기 어렵게 한다. 이익은 '수익-비용'이므로, 가치에 대한 고객의 지불 의사가 형성되어 그 잠재 지불 금액이 비용보다 높은 상황에서 내 가격이 경쟁 기업보다 낮거나 적어도 높지 않다는 고객의 인지가 형성되어야 한다. 비용과 이익은 시간의 함수다. 이익 모델의 설계가 어려운 것은 손익 분기점에 다다르기 위해 선투자 비용을 회수하기 위한 일정 기간이 필요하기 때문이다. 따라서 비용 구조와 이익 모델은 투자 금액과 투자 회수 기간을 고려해서 설계하고 평가해야 한다.

이익 모델이 자연적으로 떠오르지 않으면 좋은 BM이라 할 수 없다. 이익 모델을 고통스럽게 설계해야 하는 BM은 근본적으로 가치 제안과 비용 구조가 잘못된 경우가 많다. 또 낙관적 이익 모델만이 조직의 내부 절차에서 살아남으므로, BM 개발 과정에서 낙관적으로 표현될 경향이 있는 이익 모델을 어떻게 현실성 있게 만들어 나갈 것인가가 중요하다.

이익 모델의 설정과 동시에 이에 대해 고객과 의사소통하는 것도 중요하다. 이익 모델을 수립하는 과정에는 시장과 고객에 대한 끊임없는 조사와 피드백이 요구된다. 고객은 변한다. 지불 의사가 없다가 생겨날 수도, 있다가 사라질 수도 있다. 네트워크 효과가 발생하는 경우, 사업 초기에는 대부분의 고객이 지불 의사가 없게 마련이다. 이러한 경우, 사업 초기에는 고객에게 무료로 서비스를 하더라도 고객이 어느 기간이 지나면 유료화될 것이라는 예상을 하도록 해야 한다. 즉, 고객이 지불해야 할 것이라고 예상하는 이른바 유보 가격(Reservation price)을 형성시켜야 한다.

이익 모델의 종류

다양한 이익 모델을 열거한 기존의 연구가 있으나(Slywotzky et al., 2007), 다소 중복되고 최신 모델을 포함하지 않은 경우가 많아, 아래에 정리하고 각 모델에 AI 기업 사례를 제시한다(이경전, 2024.9.9).

고객 솔루션(solution) 모델은 단순 제품 판매에서 벗어나, 고객이 불편해하는 프로세스를 찾아 돕는 솔루션을 제공하여 높고 지속적인 이익을 추구한다. 엔비디아가 그래픽처리장치(GPU)뿐만 아니라 쿠다(CUDA) 플랫폼을 제공하는 것이 전형적 사례다. 가치 배열의 특정 부분에 수익을 집중하는 가치 배열 포지션 모델도 있다. 경험 곡선 모델은 경험이 많아지면 거래당 비용이 떨어지게 되어, 경쟁사에 비해 수익성이 높아진다. AI 컨설팅 기업 등이 사례다. 전문화 모델은 전문화로 일반 기업보다 몇 배 높은 수익을 향유하고, 시간이 지나면 특허 만료와 경쟁으로 수익성이 감소된다. 뷰노와 같은 의료 분야 AI 회사가 사례다.

제품 피라미드 이익 모델은 피라미드 아래에 저가격 다량의 제품을, 최상위에는 고가격 소량 제품을 배치하는 전략이다. 기본 서비스는 무료로, 고품질 서비스는 유료로 제공하는 프리미엄(Freemium, 단어 Free와 Premium

의 합성 신조어) 모델도 그 일종이다. 무료와 유료(Premium) 모델을 고객이 선택할 수 있는 유튜브 역시 프리미엄(Freemium) 모델을 사용하고 있다.

오픈에이아이가 지피티(GPT)-3.5는 무료로, 지피티-4는 월 20달러의 챗지피티 플러스(ChatGPT Plus)로, 지피티오원프로(GPT-o1 Pro)는 월 200달러의 고가로 제공하는 것이 AI 분야의 전형적 제품 피라미드 이익 모델 사례다. 지피티-5의 가격은 월 2000달러가 될 것이라는 샘 올트먼 오픈에이아이 최고경영자(CEO)의 언급도 있었다. 다요소 시스템 모델은 시스템 내에 여러 구성 요소 중 몇몇 요소가 고이익을 대표하는 경우다. 오픈에이아이가 개인 사용자용 구독 모델과, 종량제 API 모델을 같이 제공하는 것이 사례다. 이익 승수 모델도 유사한데, 동일한 제품, 캐릭터, 트레이드마크, 서비스 등에서 반복적 이익을 얻는 모델이다. 강력한 브랜드 인지도를 확보하고 있어서, 소비자는 브랜드와 라이선스에 비용을 지불한다. 브랜드 모델은 오랜 기간 브랜드를 구축해서 인식, 인지도, 신뢰, 믿음을 구축하고 이러한 무형자산을 가격 프리미엄화하는 모델이다. 런웨이 AI가 젠(Gen)-1, 젠(Gen)-2, 젠3알파(Gen 3 Alpha) 등으로 서비스를 브랜딩해 나가는 전략이 사례다. 블록버스터 모델은 프로젝트 형태의 사업인데, 프로젝트 유형별로 비용은 5배 정도 차이가 나는 데 비해, 산출 수익은 50배 정도의 큰 편차가 있는 사업 유형이다. 유럽연합(EU)의 멜로디(Mellody)나 한국의 K-멜로디와 같은 AI 신약 개발 사업이 사례다.

시간 모델(또는 신제품 모델)은 모방 기업이 이익을 잠식하기 이전에 초기 진입자가 이익을 볼 수 있게 설계한다. 초기 진입자가 우위를 점하며, 모방자가 잠식할 때까지 가격 프리미엄을 취한다. 제품이 성숙되면 수익은 떨어진다. 오픈에이아이가 2024년 12월에 12일 연속 매일 신제품을 출시한 전략이 이에 해당된다. 창업가 이익 모델도 유사한데, 기업이 성장함에 따라 규모의 비경제가 작용하는 경우, 관료화되며 고객에서 멀어지고 느리게 행동하게 되므로, 적절한 시기에 기업을 피인수시키는 모델이다. 딥마인드(DeepMind)가 구글에 인수된 것이 대표적 사례다. 생산 능력 활용 사이클 모델은 수익성이 사이클에 의해 결정되는데, 엔비디아는 기술과 시장의 사이클에 따라 그 생산 능력과 수익성이 직접적으로 영향을 받는 대표적 AI 기업이다. 기반 조성 · 판매 후 이익 모델은 후속 제품 마진이 매력적인 경우로, 면도기-면도날 모델이라 불리기도 하는데, 어도비(Adobe)는 크리에이티브 클라우드(Creative Cloud)와 같은 제품군을 초기에 제공하고, 사용자를 확보한 후 지속적 업그레이드와 추가 서비스 제공으로 반복적인 수익을 창출한다.

업계 표준 모델은 규모에 따른 수입의 증가가 두드러지는 것으로, 업계 전반에 고객 및 경쟁 업체의 행동을 조종할 수 있게 되고 시스템 가치 증가에 따라 수입이 증가한다. 메타 AI가 라마 3.2 등 AI 모델을 무료로 배포하는 것이 대표 사례다. 개발자들이 라마를 사용하여 응용 서비스를 구축하게 되면, 메타 AI의 기술이 업계의 표준으로 자리 잡게 되어 최종적으로는 메타 AI의 영향력과 수익성을 높이는 결과를 가져온다.

거래 규모 중시 모델도 유사한데, 비용이 거래 규모에 따른 수수료처럼 급격하게 증가하지 않는 경우, 거래 규모가 큰 고객에 투자하는 것이 핵심이다. 팔란티어 테크놀로지스(Palantir Technologies)는 대규모 데이터 분석 서비스를 큰 규모의 고객을 대상으로 제공한다. 복잡한 데이터 통합과 분석을 통해 고객의 의사 결정을 지원하는 플랫폼을 개발한다. 고가 계약을 통해 고마진을 유지하며, 큰 규모의 거래를 중시하는 이익 모델이다.

상대적 시장점유율 모델은 시장점유율이 높은 기업들이 수익성이 더 높은 경향이 있다는 점에 착안한다. 대기업들은 대규모 제조 경험과 대량 구매 능력이 있어 가격 우위를 가지며 비용 면에서도 유리하다. 판매량이 늘어날수록 광고와 고정비도 줄어든다. 엔비디아는 그래픽 처리장치(GPU) 시장 점유율이 높아 시장에서 더 높은 수익성을 유지할 수 있다.

지역 리더십 모델은 기업의 기반이 지역에 있어서, 특정 지역을 우선 장악하여 각종 비용 등을 감소시켜 경쟁자에 대해 수익성의 우위를 얻는 모델이다. 네이버가 주장하는 소버린 AI 모델이 일종의 지역 리더십 모델이다. 저비용 사업 설계 이익 모델의 AI 분야 사례는 바유로보틱스(Vayu Robotics)로, 일반 자율주행 차와 달리 라이다(LiDAR)를 사용하지 않고 자체 센서만을 탑재한 자율주행 배송 로봇으로 비용을 크게 낮췄고, 간단한 제작 방식을 통해 복잡하고 비용이 많이 드는 기존의 자율주행 기술을 우회하고, 지도가 없는 낯선 지역에서도 작동할 수 있게 했다(박근하, 2024.7.25).

스위치보드 모델은 가치 네트워크, 즉, 플랫폼에 적용된다. 구매자와 공급자의 거래 비용을 줄여 주고, 거래 성사 수수료 및 가입비 등으로 수익을 낸다. 원티드랩은 AI 기반 매칭을 통해 구인 기업과 구직자의 매칭 확률을 높인다. 매칭이 성사되었을 때 3개월 이상 근무하게 되면 후보자 연봉의 7%를 채용 수수료로 수취하고, 채용된 사람이 3개월 근무를 했다는 사실을 원티드랩에게 알리면 채용된 인재와 그 추천인에게 각각 50만 원의 보상금을 지급하여, 구인 기업의 모럴 해저드 가능성을 최소화한다(이경전, 2021.1.12).

어떻게 이익 모델을 전환해야 하는가?

2002년, 다음은 '온라인 우표제'를 시행하여 대량 메일을 보내는 사업자에게 이메일 한 통당 최대 10원을 부과하겠다고 발표했다. 사업자들은 반발하여 회원들로 하여금 한메일을 등록 않도록 권고했다. 사용자들은 이메일을 변경했고, 수혜자는 네이버가 되었다. 2005년, 다음은 온라인 우표제를 뒤늦게 폐지했다.

프리챌 커뮤니티 서비스의 유료화 전환도 유사한 사례다. 1999년 설립된 프리챌은 커뮤니티 서비스로 큰 인기를 끌며 가입자 수가 급증하게 되었고, 운영 비용을 해결하기 위한 방안으로 커뮤니티 운영자에게 월 3300원을 부과하는 유료화 전환을 발표했다. 유료화에 따른 혜택이 나쁘지 않았지만(최대 5개 커뮤니티 운영, 이메일 용량 확대 등), 단기간에 사용자에게 선택할 것을 요구하면서 유료화 전환을 하지 않는 커뮤니티는 폐쇄한다는 정책을 펴 사용자들이 반발했다. 결국 프리챌은 쇠락의 길을 걷게 되었다.

김병기 외(2008)는 무료 모델에서 유료화로 전환한 사례들을 분석하였는데, 유료화를 실시할 때는 사용자의 저항을 최소화해야 하고, 저항이 있을 때는 경쟁자가 없어야 하며 동시에 그것이 필수 서비스여야 유료화에 성공할 수 있다는 가설이 도출되었다.

참고문헌

김병기 외(2008). 인터넷 비즈니스 모델 변경의 성공과 실패요인에 관한 사례 연구: 유료화를 중심으로. 한국경영정보학회 학술대회논문집.

박근하(2024.7.25). 작고 귀여운 자율배달로봇 '바유 원', 지구상 어디든 찾아가. ≪The Drive≫, thedrive.co.kr/news/newsview.php?ncode=1065580769052015

이경전(2021.1.12.). [이경전의 경영과 과학] '최종 사용자 AI 활용' 시대 선도해야. ≪한국경제≫, A33면.

이경전(2024.9.9). 이경전의 행복한 AI 읽기 (13) 인공지능 거품론과 캐즘? 문제는 매출과 이익이다'. ≪주간경향≫, 1594호.

Sexton, D.(2009). *Value above cost: Driving superior financial performance with CVA, the most important metric you've never used.* Pearson Prentice Hall.

Slywotzky, A. et al.(2007). *The profit zone: How strategic business design will lead you to tomorrow's profits.* Crown

Currency.

07
비즈니스 모델의 평가

비즈니스 모델은 그 이야기가 말이 되는지를 이른바 '내러티브 테스트'로, 지속 가능성이 있는지를 '숫자 테스트'로 검증한다. 그 외에 가정(Assumption) 평가, 린 스타트업 방법론의 핵심인 MVP(Minimum Viable Product) 테스트 등 평가 방법론을 간단히 설명하며, 사업의 특징과 사업 주도자의 입지에 따른 평가 방법과 전략에 대해 생각해 본다.

AI와 윤동주?

내러티브 테스트: 가치 평가

BM을 평가하는 첫 단계는, 고객에게 예외적 효용이나 가치를 주는지, 시급한 고통을 해결해 주는지 확인하는 것이다. BM에 대한 설명을 끝까지 듣는지, 제공하는 가치에 대하여 열의를 가지고 반응하는지 와우테스트를 통해 확인한다(인사이터스, 2017.3.27). 와우테스트는 시제품 등을 실제 사용해 보게 하고, 반응 정도를 10점 만점에 7점이 넘을 때까지 반복한다.

순추천 고객 지수를 측정하기도 한다(Teixeira & Mendes, 2019). 추천 의향을 물어, 9점 이상이면 추천, 6점 이하면 비추천, 7~8점은 수동적 고객으로 분류하고, 추천 고객 빼기 비추천 고객의 비율이 60%가 넘고, 80%가 추천 고객이 될 때까지 반복한다.

예외적 가치, 시급한 고통을 해결하는 것으로 확인될 경우, 대다수 고객이 구매할 수 있도록 가격이 충분히 매력적인지, 그 가격에도 이익을 낼 수 있을 정도의 비용 구조가 가능한지 평가한다. 비용 구조를 위해 조직과 프로세스를 효율화한다. BM 평가 과정은 개발 과정과 같다. 쉼 없이 평가하고, 조정, 학습해야 한다.

고객과 사업 참여자들을 인터뷰하면서, BM 설계자가 주목한 문제에 대하여 설계자가 구상한 해결책을 먼저 노출하지 말고 잠재 고객이 자유롭게 말할 기회를 주는 방법으로 인터뷰를 진행한다(인사이터스, 2017.3.27). 설계자가 알고 있던 문제, 알지 못하던 문제로 분류하고, 원래 주목한 문제에 대한 잠재 고객의 동의 비율이 70% 이상이라면 매우 흡족한 결과로 볼 수 있다.

많은 제품이 꼭 필요해서가 아니라, 만들 수 있기 때문에 만들어지고 있기 때문에 고객이 원하지 않는 것을 만드는 것이 가장 큰 위험이다. 고객이 무엇을 원하는지 알아내는 활동이 아니라면 하지 않아야 한다.

내러티브 테스트: 가정, 가설 평가

시나리오의 개별 에피소드의 모순과, 연결 관계에 모순이 있는지 검토하고, 고객 확대를 위해 기술 추가가 필요한지 검토한다. 전략 중 어떤 부분이 동작하고, 동작하지 않는지 평가한다. BM 평가에 효과적인 방법 중 하나가 가정(Assumption) 평가다(Shin, 2006). 비용 구조와 이익 모델의 추정이 어려운 것은 추정된 투자 회수 기간에 어떠한 가정이 개입하게 되는데, 이 가정이 변하게 되는 문제가 발생하기 때문이다. 신기술로 고객에게 더 저렴한 대안이 나오거나, 경쟁사가 저가 전략을 사용한다든가 하는 문제가 발생할 수 있다.

가정 평가는 BM 구현에 전제가 되는 가정들을 검토하는 것이다. '가정'이란 당연하게 받아들여지는 가설을 의미하는 것으로서, 가정에 문제가 생길 경우 BM 자체를 포기해야 하는 위험도 발생할 수 있다. 가정 평가는 BM의 구현 가능성을 간접적으로 평가하고, 실제 BM 수행 시 발생할 문제점을 미리 검토하는 과정이다. 가장 위험한 가정을 먼저 평가한다. 위험한 가정을 완화해 지속 가능한 사업으로 가는 방법이 없다면 다른 가정을 평가해도 의미가 없기 때문이다.

BM 개발 과정은 수많은 가정을 바탕으로 복잡한 계획을 만들고 그것을 실천해 나가는 것이 아니라, 만들기, 측정, 학습이라는 피드백 순환을 통해 끊임없이 조정하는 것이다. 최소 요건 제품(Minimum Viable Product, MVP)을 가지고, 파괴적 혁신을 끊임없이 시도해야 한다. 최소 요건 제품은 최소 노력과 기간으로 만들기-측정-학습 피드백을 완전히 돌 수 있게 하는 제품 버전이다. 최대한 단순하게 만들어야 한다.

MVP를 가지고 계속 테스트하면서 기존 전략을 고수할지 방향을 전환할지 결정해야 한다. 가설들은 가치 가설과 성장 가설로 구분된다(Ries, 2011/2012). 가설 중 하나가 잘못되었음을 발견했다면 새 가설로 변경한다.

초기에 가설을 되도록 빨리 실증적으로 테스트해야 한다. 우리를 받아들일 고객이 정말 있는지 확인하는 것이 우선되어야 한다. 사람들이 이것을 써 보려 할까? 고객이 최소 요건 제품을 한 번 경험하기만 한다면, 이제 그것 없이는 못 사는 수준이 될까?

AI 기반 사업의 특징은 피드백을 통해 무엇이 효과가 있는지, 없는지 빠르게 파악이 가능하다는 것이다. AI 사업은 다른 스타트업을 만드는 것보다 더 빠르고 반복 가능한 프로세스를 가진다. 린스타트업 방법론이란 BM을 최대한 빠른 시간에 기계적으로 평가해서 고쳐 나가라는 방법론이다. 이러한 면에서 AI 관련 사업은 린 스타트업 방법론(Furr & Dyer, 2014)과 아주 궁합이 잘 맞는다고 할 수 있다.

넘버 테스트

MVP로 테스트하는 과정에서 가입률, 전환율, 고객 생애 가치 등의 정보를 얻을 수 있다. 고객의 유입, 구매 단계를 AARRR지표로 측정한다. AARRR은 Acquisition(고객 유입), Activation(최초 구매·등록), Retention(유지·재방문), Referral(추천), Revenue(매출)의 약자로, 각 지표를 자신의 사업에 맞게 재정의한다(Balke,

2017.11.26). 정의되었다면, 지표별로 상관성을 지속 추적하면서 어떤 지표들이 가장 매출에 영향을 주는지 파악하고 추적한다. 최초 구매 지표가 떨어진다면 고객 유입을 확대하기 위한 프로모션을, 재구매가 떨어진다면 멤버들을 대상으로 재구매 비율 향상을 위한 프로모션 방안을 설계해야 한다(인사이터스, 2017.3.27). 기업의 성장률은 각 고객이 발생시키는 이익, 새 고객 확보에 드는 비용, 기존 고객의 재구매율에 의지한다. 플랫폼 기업은 새롭게 유입된 구매자와 판매자의 유지율을 측정해 네트워크 효과가 작동하는지를 보는 것이 중요하다(Ries, 2011/2012).

수행하는 실험들이 고객들의 행동을 더 낫게 바꾸는데 실질적으로 기여해야 한다. 나쁜 성과로부터 실패를 인정해야 한다. 이러한 활동에서 새로운 아이디어, 가설을 만들어 내고 실험을 하고 이를 통해 방향을 바꾸어 나가고 이를 반복한다. 명확하고 객관적인 측정 지표가 있을 때 사람들은 훨씬 더 잘 배우게 된다.

BM 주체 적합성 및 경쟁력 평가

BM을 수행하는 주체도 평가가 필요하다. 이 주체가 적합한지 경쟁력이 있는지, 기술 모방 가능성과, BM을 실

표 7-1. BM 주체의 적합성, 경쟁력 평가 및 전략 분석틀

<table>
<tr><td colspan="2" rowspan="2"></td><th colspan="2">보완 자산</th></tr>
<tr><td>중요하지 않거나 무료</td><td>중요하며 구하기 어렵다</td></tr>
<tr><th rowspan="2">모방 가능성</th><td>높다</td><td>혁신자가 돈 벌기 어렵다(I)</td><td>보완 자산 소유자가 유리(II)</td></tr>
<tr><td>낮다</td><td>혁신자가 돈을 번다(IV)</td><td>기술·자산 다 갖추거나 교섭력 강한 자 유리(III)</td></tr>
</table>

현하는 데 필요한 보완 자산의 이용 가능성을 기준으로 평가할 수 있다(Afua & Tucci, 2001). 정리하면 표 7-1과 같다.

왼쪽 상단(I)에서는 혁신이 쉽게 모방될 수 있으며, 보완 자산이 중요하지 않거나 모든 경쟁자들도 자유롭게 이용할 수 있으므로, 혁신자들은 혁신에서 가치를 확보하는 데 어려움을 겪는다. 따라서 지속적인 혁신이나 빠른 시장 진입을 통해 경쟁자들이 따라잡기 전에 일시적인 이점을 확보하는 것이 권장된다. 오픈에이아이가 선도적으로 챗지피티를 출시했으나, 앤스로픽이 클로드 3.5를 내놓은 것과 같이, 모방가능성이 높다고 본다면 오픈에이아이는 마이크로소프트와 같은 보완자산을 가진 기업과 제휴해야 하는데, 이 경우 결과적으로 마이크

로소프트가 협상력을 더 많이 가질 수 있으므로, 오픈에이아이는 마이크로소프트와의 제휴를 점차 약화하면서, 지피티-5의 출시를 위해 66억 달러 투자 유치를 받는 등 계속 앞으로 달리고 있다.

오른쪽 상단(II)은 모방 가능성이 높고 보완 자산이 중요한 경우로, 혁신자들은 조인트 벤처, 전략적 제휴 형태의 팀 구성, 또는 인수 및 내부에서의 보완 자산 개발을 통해 경쟁 우위를 확보해야 한다. 마이크로소프트가 대표적이다. 오픈에이아이에 투자해서 기술을 확보한 후 보유한 보완 자산인 오피스나 빙 검색 엔진 등에 적용하고, 코파일럿 서비스도 구축하고 있다.

오른쪽 하단(III)은 혁신을 모방하기 어렵고 보완 자산이 중요한 경우로, 이러한 기업은 강력한 진입 장벽을 가지고 있다. 중요한 자산의 통제를 통해 경쟁자들을 차단하는 동시에 파트너십과 인수를 통해 시장 위치를 강화해야 한다. 애플은 아이폰 생태계라는 강력한 보완 자산을 가진 상태에서 초거대 AI 기술의 발달을 다 따라잡기는 어렵다고 판단하고, 오픈에이아이와 제휴하여 애플 인텔리전스를 구축하고 있다.

왼쪽 하단(IV)은 혁신은 모방하기 어렵지만 보완 자산이 중요하지 않거나 쉽게 이용 가능하므로, 경쟁자가 혁신에 접근하거나 복제하는 것을 차단하는 데 중점을 둬야 한다. 엔비디아는 그래픽처리장치(GPU) 기술과 인프라, 생태계를 모방하기 어려운 것을 십분 활용하고 있다.

참고문헌

인사이터스(2017.3.27). 사업실패를 방지하는 시장검증: 비즈니스모델 검증. insightors.com/portfolio_page/column_bm-markettest/

Afuah, A., & Tucci, C.(2001). *Internet business models and strategies: Text and cases*, New York, McGraw-Hill, 조남기·이경전 옮김(2001). 『인터넷 사업 모형과 전략』, 학술정보.

Balke, M.(2017.11.26). *AARRR Framework- Metrics That Let Your StartUp Sound Like A Pirate Ship*. Medium.

Furr, N. & Dyer, J.(2014). The Innovator's Method: Bringing the Lean Start-up Into Your Organization. Harvard Business Review Press.

Ries, E.(2011). *The lean startup*. Crown Business. 이창수·송우일 옮김(2012). 『린 스타트업』. 인사이트.

Shin, B.(2006). Assumption-based Assessment of a Business Model: A Feasibility Study. Proceedings of the 2006 Spring KMIS Conference, Seoul, Korea, 909-913.

Teixeira, T. & Mendes, R.(2019). How to Improve Your Company's Net Promoter Score. *HBR*.

08
AI 산업의 주요 비즈니스 모델

AI 기반의 비즈니스 모델들을
프리미엄(Freemium), 구독, 번들링, 광고,
성과 기반 모델, 데이터 판매, 연합학습,
제품 · 서비스 내재 모델,
오픈소스 · 온디바이스 모델 등으로 유형화하고
그룹으로 분류해 소개한다.

AI와 한의학?

프리미엄, 구독, 번들링, 광고, 성과 모델

챗지피티(ChatGPT) 3.5는 무료로 사용할 수 있지만, 지피티(GPT)-4는 월 20불의 챗지피티 플러스(ChatGPT Plus)를 구독해야 사용이 가능하고, 지피티오원프로(GPT-o1 Pro)는 월 200불의 챗지피티 프로(ChatGPT Pro)에 가입해야 사용 가능하다. API 사용료는 입력 토큰의 길이와 출력 토크의 길이에 비례한다. 앤스로픽, 퍼플렉시티는 프리미엄(Freemium), 구독, API 모델을 모두 가지고 있고, x.AI의 그록2(Grok2)는 월 8달러를 내는 X의 프리미엄(Premium)구독자에게 무료로 제공되는 번들링 형태를 취하기도 했는데, 챗지피티 플러스 가격의 40%-수준의 가격을 제시하는 저가 전략이며, 유튜브 프리미엄이 유튜브 뮤직을 무료로 제공하는 번들링 전략과 유사하다. SK텔레콤이 1년간 퍼플렉시티 AI 프로(월 20달러)를 무료로 제공하는 번들링 전략을 통해 SK텔레콤 가입자들의 충성도를 높이는 동시에 에이닷 사용을 확산시키고, 퍼플렉시티는 한국 가입자를 늘리는 전략과 유사하다.

뷰노는 손가락 엑스레이로 뼈 나이를 판독하는 서비스를 제공하고 병원으로부터 건당 1만5천 원을 받는다. 기존의 건당 평균 진단 시간 30분을 획기적으로 줄이고,

진단 정확성을 높인 대가다. 병원은 기존에, 환자로부터 건당 5만 원을 받아 왔다. 뷰노는 영업 이익을 공동 개발한 서울아산병원과 5:5로 나눈다(이현주, 2020.9.4).

브이캣(VCAT.ai)은 인터넷 홈페이지의 주소(URL)를 입력하면, 그 페이지에 있는 콘텐트를 재료로 AI가 자동으로 동영상을 만들어 주는 서비스를 월간 또는 연간 구독료 형태로 제공하며, 사용량이 매우 큰 경우는 가격을 협의하여 정하도록 한다. 사용성이 상당히 제한되는 무료 모델도 있으므로, 프리미엄(Freemum) 모델이기도 하다. 음악 생성 서비스 수노(Suno.AI), 동영상 생성 서비스 런웨이(Runway.ai) 등 많은 생성 AI 사업이 프리미엄(Freemium), 구독, API, 번들링 모델을 전형적으로 결합하고 있다.

퍼플렉시티는 생성한 답변의 오른쪽에 표시되는 광고를 CPM(Cost Per Mile, 천 번 노출 비용)으로 제공하고, 답변 아래에 표시되는 '관련 질문'에 광고주가 제공하는 질문을 표시하는 광고 모델을 제시했다(유진, 2024.9.23). 광고주들 간에는 입찰 형태로 경쟁을 유도한다. 또한, 답변에 기사를 인용했을 때 발생한 광고 수익을 기사 제공자와 공유하는 모델도 제시했다. 구글의 애드센스(AdSense) 모델과 유사하다.

대부분 AI 서비스가 사용자 수나 사용량에 따라 요금을 청구하는 종량제를 기본으로 한다면, 성과 기반 과금(Outcome-Based Pricing)은 고객이 AI 솔루션을 사용한 결과에 따라 비용을 지불하는 방식으로, 성공적 결과에만 과금한다(박찬, 2024.9.7). 젠데스크는 고객사에 제공한 챗봇 서비스가 성공적으로 일을 수행했을 때만 과금하는 모델을 제시한다(Zendesk, 2024). 인터콤(Intercom)도 고객 응대 챗봇 핀에이아이(Fin AI)가 고객 응대를 성공적으로 마쳤을 때 0.99달러를 과금한다. 포소트(ForeThought.ai)는 고객이 일정수의 AI 해결 건수를 미리 구매하는 방식의 성과 기반 과금제를 사용한다(박찬, 2024.9.7). 원티드랩도 구인 구직 매칭이 성공되었을 때 과금하는 방식이다. AI 서비스의 가격 모델도 혁신 경쟁이 계속됨을 알 수 있다.

데이터, 연합학습, 제품·서비스 내재 모델

플리토는 집단 지성과 AI에 기반한 번역 서비스 플랫폼을 운영하면서 발생하는 언어 데이터를 다양한 기업에 판매한다(이현주, 2020.12.18). 셀렉트스타는 저작권자와 협의하여 도서, 이미지, 영상, 대화 등의 고품질 데이터를 AI 기업에 유통, 판매한다. 2024년 5월, 19조 원 기업 가치 평가로 1조4000억 원 펀딩에 성공한 스케일에이아이(Scale AI)는 데이터 레이블링을 기반으로 한 AI 데이터 플랫폼을 운영하며, 오픈에이아이, 마이크로소프트(MS), 메타 등 대규모 언어모델(LLM) 기업과 대형 프로젝트를 진행하고 있다(서재창, 2024).

오킨(Owkin)은 연합 학습에 기반한 플랫폼 모델이 특징이다. 데이터의 프라이버시를 보호하면서, 병원, 연구소, 제약 회사 등 다양한 의료 기관과 협력하여 AI 모델을 개발하고, 이를 통해 새로운 약물, 진단 도구, 치료법을 발견하고 임상 시험의 위험을 줄인다.

AI가 물리적 제품에 내재되어 제품의 가치를 높이는 모델로 대표적인 것은 테슬라의 자율주행 서비스 FSD로, 약 월 100달러의 추가 매출을 창출한다. 아마존의 알렉사도 비슷하다. 여러 회사(예: LG전자)의 물리적 제품(예: 스피커)에 내재되어 수익을 창출한다.

AI가 제품에 내재되어 서비스 모델을 가지는 대표적인 사례는 자율주행 차 기반의 승차 공유 서비스 웨이모원(Waymo One)이다. 웨이모 원은 승객에게 탑승 요금을 부과하여 수익을 창출하는데, 평균 운임은 약 20달러로 추정된다. 웨이모는 자율주행 기술을 다른 자동차 제조사나 산업에 라이선스하여 추가적인 수익원을 확보하며, 웨이모 비아(Waymo Via)라는 트럭 물류 및 배송 서비스로도 수익을 창출한다(Meyer, 2024).

엑스와이지(xyzcorp.io)는 바리스타, 아이스크림 제조, 자율주행 배달 로봇 등 다양한 서비스 로봇 솔루션을 통해 수익을 창출한다. 식음료 제조 및 배달 등 다양한 기능으로 고객의 부담을 줄이고 효율성을 높인다. 무인 카페 '라운지엑스'를 운영하며, 로봇들이 협력하여 24시간 일관된 품질의 서비스를 제공하고, 로봇을 활용한 건물 내 서비스 자동화 솔루션으로 건물 전체 공간의 가치를 높이는 사업도 진행하고 있다.

686개 이상의 화장품 관련 고객사를 가진, 뷰티 AI 분야 기업 퍼펙트(Perfect Corp)는 뷰티, 스킨케어, 패션, 귀금속 브랜드 및 소매업체에 AI 기술을 활용한 가상 메이크업, 피부 진단 솔루션을 제공하며, 고객사의 웹사이트, 앱, 오프라인 매장에 들어간다. 연간 구독 모델로 지속적 수익을 창출한다. 가상 체험 서비스는 고객 참여를 높이고 브랜드의 반품률을 줄이는 데 효과적이다. 기업과 소비자 간 거래(B2C)에서는 유캠(YouCam) 브랜드 하의 다양한 모바일 앱을 제공하며, 사진 편집 및 가상 메이크업 서비스 등을 제공한다. 기본 기능은 무료로 제공되지만 고급 기능은 구독이 필요하며, 개인화 뷰티 관련 추천을 통해 수익을 창출한다.

오픈소스·온디바이스 AI 비즈니스 모델

메타AI는 라마(LLaMA)를 오픈소스로 공개하고 있는데 어떤 수익 모델을 염두에 두고 있을까? 먼저, API 기반으로 라마 모델에 접근하게 하는 방법이 있고, 라마 기반의 생성형 AI 도구를 기업에 제공하는 모델, AI와의 상호작용에 광고를 끼워 판매하는 모델, 직접적인 수익 창출보다는 개발자 생태계를 구축하여 AI 분야에서 지배적인 위치를 확보하고 장기적으로 파트너십 및 향상된 서비스 등을 통한 간접적인 수익 기회를 노리는 것, 퀄컴과 같은 회사와 협력하여 스마트폰 및 개인용 컴퓨터(PC)와 같은 기기에 라마를 통합하여, 라이선스 계약 및 지적재산권 관련 로열티를 통해 잠재적인 수익을 창출하는 모델 등이 있다.

파이어에지(FireEdge)는 프라이빗AI(Private AI) 앱을 출시하였다. 사용자는 이 앱을 통해 자신의 휴대폰에 라마3.2 1B나 미스트랄(Mistral) 7B Q4 등 수십 개의 작은 언어모델들을 설치할 수 있다. 스마트폰에 AI를 설치하고 비행기 모드에서 사용하는 경험을 사람들이 함으로써, 비로소 모든 사람이 AI를 소유하게 되리라는 것을 실감할 것이다. 이러한 온디바이스 AI는 2024년이 되어서야 태동하고 있는데, 매우 흥미롭게 지켜봐야 할 BM 분야다. 예를 들어, 메타의 최고경영자(CEO) 마크 저커버그는 2024년 방한하여 LG전자와 메타의 AI 모델을 기반으로 한 온디바이스 AI 협력 가능성을 논의했다(임지선 · 옥기원, 2024.2.29).

전통적인 AI 기반 BM의 가장 중요한 핵심은 AI 엔진이다. AI 엔진에 고객이 무료로 접근하는 과정에서 고객 기반을 확장하는 가운데, 구독 모델과 종량제(예: API) 모델을 적용할 수 있으며, 내외부의 서비스와 번들링 전략을 사용할 수 있다. 광고 모델을 결합할 수도 있는데, 그것은 노출 기반일 수도 있고 성과 기반일 수도 있으며, 광고 수익을 사업 참여자와 배분하는 모델도 고려해 볼 만하다.

AI 엔진에 지속적으로 공급해야 할 데이터를 제공하는 매우 다양한 회사와 BM이 존재하며, 데이터 프라이버시를 존중하는 BM이 향후 각광을 받을 것이다. AI 모델을 제품에 내재시키는 모델은 제품의 가치를 높여서 판매하는 모델과, 기존 제품에 내재시켜서 서비스를 제공하는 모델로 나뉘며, 같은 AI 엔진으로 B2B(기업 간 거래)와 B2C에 모두 진출 가능하다. 오픈소스와 온디바이스 AI 모델도 매우 다양한 BM의 가능성을 가지고 있음을 확인할 수 있다.

참고문헌

박찬(2024.9.7). 사용량 대신 '성과'로 과금하는 AI 요금제 등장...저가 경쟁 대세 될까. AI 타임스, aitimes.com/news/articleView.html?idxno=163186

서재창(2024). 'I 데이터 1조 원 시대' 경쟁력 근간되는 데이터 관리, https://hellot.net/news/article.html?no=93465

유진(2024.9.23). "AI에 신발을 묻자 나이키 광고가 떡하니"… 퍼플렉시티, 새로운 광고 모델 계획 발표. AI Post, aipostkorea.com/news/articleView.html?idxno=3710

이현주(2020.12.18). 이경전이 만난 AI 프런티어⑨ 이정수 플리토 대표] "플리토, 집단지성 AI 번역으로 '바벨탑의 저주' 넘는다". ≪한경Business≫, 1307호.

이현주(2020.9.4). 이경전이 만난 AI 프런티어① 김현준 뷰노 대표: "의료 AI, 미·중에 결코 뒤지지 않아요…논문도 한국 기업이 압도적이죠". ≪한경비즈니스≫, 1292호.

임지선·옥기원(2024.2.29). 10년 만의 방한 저커버그, 삼성·LG와 'AI 협력' 회동. ≪한겨레≫.

Meyer, D.(2024). How Waymo outlasted the competition and made robo-taxis a real business, May 24, 2024. https://fortune.com/2024/05/29/waymo-self-driving-robo-taxi-uber-tesla-alphabet/

Zendesk(2024). Zendesk First in CX Industry to offer Outcome-Based Pricing for AI Agents, https://zendesk.kr/newsroom/articles/zendesk-outcome-b

ased-pricing/

09
AI에 의한 비즈니스 모델 혁신 사례

AI를 응용한 많은 혁신이 결국은 수주에 도움이 되고 매출을 창출하기 위한 혁신이었음을 확인하고, 고객의 비즈니스 프로세스를 혁신하는 과정에서 AI 기업이 비즈니스 모델을 개발해 나가는 사례, 그리고 AI가 제도의 원활한 운영을 지원하고 정책 결정을 지원하는 사례를 소개한다.

AI와 화장품?

수주 지원, 매출 창출·지속을 위한 AI 혁신

1990년대 초중반 대우조선은 생산 일정 계획 AI 시스템을 개발했고(Lee et al., 1995), 1995년부터 현대건설은 공정 계획 AI 시스템을 개발했다(Lee et al., 1998). 이 AI들은 실무적으로는 배를 만들고 아파트를 짓는 제조 계획을 세우는 것이지만, 경영진의 입장에서는 수주 프로세스를 혁신하여 매출을 더 올리기 위한 목적이 컸다.

2018년에 개발한 프론텍의 품질 관리 AI 역시 실무적으로는 용접 너트의 정품 여부를 자동 판정하여 품질 관리 프로세스를 혁신하는 것이었지만(Lee et al., 2021), 경영진의 입장에서는 고객사의 새로운 품질 관리 요구를 신속하고 효율적으로 실무에 반영함으로써 매출을 지속, 확대하기 위함이었다.

2020년대에 개발한 하렉스인포텍의 일반 상거래 지능 엔진은 소상공인과 개인 사업자가 데이터도 부족하고 AI 개발 인력도 부족한 상태에서, 매출 데이터를 거대 플랫폼에 노출하지 않고도 성능 좋은 AI엔진을 만들 수 있게 연합학습 기법을 활용하였고, 이를 통해 BBQ와 울산페달은 AI 추천 서비스를 제공할 수 있게 되었다(Lee et al., 2024b; 안상현, 2024.4.22). 설명한 네 개의 AI 시스템은 모두 미국인공지능학회(AAAI)의 혁신적 인공지능 응용상을 수상하였다.

2023년에 진행한 기업은행과의 생성 AI 프로젝트에서는 현업 부서와 십수 번을 거친 인터뷰를 통해, 업무 현황, 병목, 가용 데이터, 필요 데이터 등을 파악하여, AI 적용 혁신 분야 30개를 추출하고, 시급성 · 파급성 · 실현 가능성 · 위험을 고려하여 평가했다. 이 중 여신 업무 지원 헬프 데스크 자동화 시스템을 선정하여 개발하였는데, 이는 여신 고객의 은행 창구 상담 시간을 단축하고, 본사 직원이 하루에 600여 콜을 응대하는 부담을 줄이는 혁신 노력인 동시에, 고객 응대 효율화에 따른 매출 증대 노력이었다(정백 외, 2023).

이렇게 AI를 BM 혁신에 활용하는 첫걸음은 매출과 연결 짓는 것이다. 고객의 새로운 요구를 해결하고, 수주 활동의 애로 사항을 없애고, 영업 활동을 혁신할 수 있는 방법을 찾는 과정에서 AI를 활용하는 것이다.

광고 홍보 마케팅 회사 피티코리아는 생성 AI 기술의 발전으로 고객에게 제안하는 프로세스와 업무 범위가 급격히 변화하고 있다. 예전에는 고객사의 요청에 대응하는 형태로 주로 일해 왔다면, 생성 AI의 발전으로 영업 자료를 만드는 비용과 시간이 단축되어 고객에게 선제안하는 경우가 많아졌으며, 생성 AI 역량을 강력하게 갖추어 감에 따라 기존의 광고 · 영상 제작에 한정되었던 회사의 업무 차원에서도 팝업 · 리테일 스토어 등 공간 디자인과 제품 디자인 등 새로운 영역으로 확장을 시도하고 있다. 또한, 개인과 조직이 축적한 생성 AI 활용 역량을 자체 시스템화한 마케팅 업무용 생성 AI 도구인 오리진(Origin)을 개발하여 자료 조사, 아이디에이션, 카피라이팅, 크리에이티브, 콘티 제작 등에 필요한 생성형 AI 프롬프트와 결과물을 구조화된 입력폼을 통해 쉽고 빠르게 활용하는 형태로 내부 프로세스를 혁신하였고, 이를 외부에 플랫폼 형태로 공개하는 새로운 사업도 고려 중인데 이 경우 광고 홍보 마케팅 산업계의 큰 변화가 예상된다. 특정 부서, 개인 차원이 아닌 조직 전체의 변화가 일어나고 있어서, 기술, 노하우, 결과물, 학습 데이터를 자산화하게 되었고, 나아가 기존 역량과 조합한 새로운 BM을 발견하고 있는 것이다. 피티코리아 지원규 대표는 지금까지 경험한 AI는 어시스턴트에 불과하지만 근미래엔 사업을 위한 새로운 엔진이 될 것이라고 강조한다(김성현, 2023.9.20).

SK텔레콤은 개인화된 멀티미디어 감성 메시지를 생성 AI를 활용하여 편지지 스타일 등으로 만들어 발송한 결과, 80% 이상의 고객이 만족한 성공 사례를 만들었다

(디보션, 2024). 생성 AI 기반 커머스 플랫폼 '티딜(tdeal.kr)'은 큐레이션 문자 커머스 서비스로, 고객의 라이프 스타일과 관심사를 기반으로 상품을 추천한 결과 클릭률이 16%까지 증가하였고, 거래액이 전년 동기 대비 80% 이상 증가했다. 또 초기에는 거래 품목이 식품 중심이었으나 현재는 가전, 의류, 잡화 등으로 확장되었다. AI가 최적의 상품 카테고리를 추천하고, 마케팅 문구를 생성하며, 고객 리뷰와 의견을 분석하여 품질 관리와 고객 대응에 활용되는 것이다(이주영, 2023.8.14).

AI 기반 혁신 서비스로 고객 프로세스 혁신

더존비즈온은 이메일 작성, 재무제표 분석, 데이터 분석, 예측 등의 업무를 AI로 자동화하는 ERP를 제공한다. 챗봇에게 '감사하다는 내용의 답장을 공손한 어투로 써 줘'라고 명령하면 AI가 답장을 송부하고, '지난 3년간 재무제표를 분석해 20% 이상 변동이 있는 계정 과목의 리스크를 분석해' 하면 AI가 전년 대비 20% 이상 증감된 항목과 분석 내용을 보여 준다. 지용구 부사장은 문서 정보 추출, 계약 관리 등에 AI를 도입하여 많은 시간과 비용 절감이 가능하다 말한다(김지선, 2024.9.26). 이강수 사장은 기업 데이터 기반으로 맞춤 생성 AI를 적용해서 오류 없는 답변과, 업무에 최적화된 UI를 생성함으로써 효율성이 극대화한다고 설명한다(오동현, 2024.7.18). AI로 자사의 BM이 확장되는 동시에 고객사의 비즈니스 프로세스가 혁신되는 것이다.

영국, 한국, 독일 등 8개국에 사무실을 둔 비프로컴퍼니는 50여 개국, 2400여 개 축구 클럽에 AI 카메라와 서비스를 공급해 3만3000여 경기를 분석했다. 12만 시간 이상의 축구 경기를 자동 분석해 제공함으로써, 축구 클럽이 더 나은 의사 결정을 내리고 운영 효율성을 높이도록 프로세스를 혁신하는 BM을 가진다(이경전, 2024.7.12; 이현주, 2020.10.6).

뤼이드(Riiid)의 산타토익서비스는 영어 문제를 몇 개 풀다 보면 시험에서 몇 점을 얻게 될지 예상 점수를 매우 정확히 알려 준다(이경전, 2021). 학습자가 문제 풀이를 중도에 포기할 확률도 예측하여, 가급적 포기하지 않을 콘텐트를 제시함으로써 서비스의 지속성을 높인다. 학습자의 예상 점수를 잘 맞히는 것이 참여를 높인다는 것도 확인했다. 산타토익은 학습자의 프로세스를 혁신하는데, 이러한 방법론은 한국이 세계 최초로 추진하는 AI 디지털 교과서의 근간이기도 한다.

AI 도입은 교육 프로세스를 혁신한다. 학급 전체를 고려하는 인간 교사와 달리 AI는 인내심을 가지고 각 학생에 정확하게 집중할 수 있다. AI는 각 학생의 수준에 따라 다른 문제를 제공하여 다음으로 넘어가기 전에 주제를 완전히 숙달할 수 있도록 하며, 학생들의 학습을 훨씬 더 효과적이고 매력적으로 만들 것이다. 인간 교사는 학생들의 진정한 멘토이자 연결자가 될 수 있다. 또 학생들의 비판적 사고, 창의력, 공감 및 팀워크를 자극하는 원동력이 될 수 있다. 학생이 혼란스러울 때 더 명확히 설명해 주고, 학생이 안주할 때 도전할 목표를 제공하며, 학생이 좌절에 빠졌을 때 위로해 주는 역할을 하게 될 것이다(Lee, 2021.9.14).

개인의 상태(지식, 건강, 미용, 행복도 등)를 실시간으로 관리하는 디지털 미(Digital Me) 서비스(Lee et al., 2025)는 정부의 대민 AI 서비스의 패러다임이 될 수 있다. 이와 같은 서비스를 활용하면 AI가 시민의 경제와 복지를 향상하는 행동 · 콘텐트를 추천하고, 공무원은 시민들의 멘토로 진정한 봉사를 할 수 있다(이경전, 2016.11.22).

챗지피티 플러스나 퍼플렉시티 프로(Perplexity Pro)와 같은 서비스는 개인 사용자, 지식 근로자의 업무 프로세스를 혁신한다. 지피티 스토어(GPT Store)의 마이지피티(MyGPT)는 지식 근로자의 수익 모델도 혁신할 잠재력을 가지고 있다. 유튜브가 수많은 수익성 있는 유튜버들을 양산하면서, 개인의 BM을 혁신한 사례와 유사하다(이경전, 2024.2.26). 마이지피티와 같은 플랫폼은 지식 근로자들이 자신만의 지피티를 제작하고 이를 출판하는 기회를 제공한다.

제도의 운영과 정책 결정을 지원하는 AI

국제축구연맹(FIFA)은 2022 카타르월드컵부터 반자동 오프사이드 판정 기술을 적용해 축구 팬과 선수들이 억울한 심정이 들지 않게 했다. 이해관계자이자 고객들에게 새롭게 가치를 창출한 사례다. 경기장에 10대의 카메라를 설치하여 22명 선수의 신체 부위 각 29곳, 즉 총 638곳의 위치를 1초에 50번 수집해 3차원 영상을 그린다. 축구공에 관성 센서가 있어 1초에 50번 데이터를 수집해 공이 골라인을 넘어갔는지 핸드볼 반칙인지 아닌지 인간의 최종 판단을 지원한다. 국제축구연맹은 고객들에게 새로운 경험을 제공하고, 게임의 법칙, 즉 제도의 공정한 운영을 지원함으로써 축구를 더욱 부흥하려 하고 있다. 2024년 한국야구위원회(KBO)는 세계 최초로 자동 볼-스트라이크 판정 시스템을 도입하여 공정성을 높였고 이는 천만 관중 달성에 기여하였다.

AI에 의한 여론 및 정책의 자동 분석이 정치와 정책 분야도 혁신할 가능성이 있다. 댓글 분석(유지웅 외, 2020), 정책 분류(이경전 외, 2022; Jin et al., 2024), 여론 분석(이경전 & 박아름, 2022), 설득력 있는 개인화 메시지 생성(Lee et al., 2024a) 등 다양한 연구가 진행 중이다. 여론이 소셜미디어와 댓글로 표현되어 정책 수요 및 정책 결정자에 영향을 미치며, 이를 축적하고 분석하는 것이 가능해짐에 따라 의제 설정, 정책 결정, 집행, 평가 등 전 과정에 AI가 활용될 수 있다. 정책 관련 뉴스, 댓글 분석을 통한 지지도 분석, 정책 관련 키워드 분석을 통한 정책 반응 탐지와 아이디어 도출이 가능해진다. AI를 활용한 정책 자동 분류 및 분석은 국제 문제에 대한 대응 전략을 자동으로 제안함으로써 정책 결정자들이 신속하고 정확하게 대응할 수 있도록 지원할 수 있으며, 종적 횡적 분석을 통해 다양한 시나리오를 도출하여, 증거 기반의 미래 전략 생성에 큰 도움이 될 것이다.

참고문헌

김성현(2023.9.20). 지원규 PT코리아 대표 "생성형 AI도 결국 도구, 사람 대체할 수 없다". 브랜드 브리프.

김지선(2024.9.26). 더존비즈온, 생성형 AI 통한 업무 효율 극대화 방안 제시. ≪전자신문≫ 5면.
디보션(2024). AI와 함께 생일 축하 카드를 만들어보자, https://devocean.sk.com/blog/techBoardDetail.do?ID=166767&boardType=techBlog
안상현(2024.4.22). 소상공인 AI로 세계 최고 권위 AI학회상 받은 이경전 교수, ≪조선일보≫, B7면.
오동현(2024.7.18). 'ERP 강자' 더존비즈온, 글로벌 시동 "인공지능 전환 자신". 뉴시스, https://newsis.com/view/NISX20240718_0002816826
유지웅 외(2020). 악성 댓글 분류 시스템 모니터링 연구: 네이버 클린봇 분석, 한국지능정보시스템학회 춘계학술대회.
이경전(2016.11.22). 대한민국 봉부(奉府)론, ≪한국경제≫, A37면.
이경전(2021). 임직원 역량 계량화해야 맞춤 교육 가능, 비실시간 비대면 방식이 효율성 높아. ≪DBR≫, 314.
이경전·박아름(2022). 빅데이터와 AI 기반 여론·정책 분석 연구와 교육 사례. 한국경영정보학회 기술교류세미나.
이경전 외(2022). Policy Perceptron: 정책 분류 자동화를 위한 인공지능 모형 개발. 한국행정학회 하계학술대회.
이경전(2024.2.26). 이경전의 행복한 AI 읽기 (6) 나만의 GPT와 다른 사람의 GPT. ≪주간경향≫, 1566호.
이경전(2024.7.12). [ET시론] 비즈니스 모델 창조와 혁신으로 역전의 기회를 잡자. ≪전자신문≫, A25면.
이주영(2023.8.14). SKT, 생성 AI 큐레이션으로 '티딜' 상반기 거래액 1000억 돌파. AI타임스.
이현주(2020.10.6). 이경전이 만난 AI 프런티어④ "독보적 영상 분석 기술로 유럽 축구계 사로잡아…'스포츠계의 구글'이 될 겁니다". ≪한경비즈니스≫, 1297호.
정백 외(2023). RAG와 Pretrained Model의 Fine tuning을 결합한

대화형 금융 상품 안내 서비스 개발. 한국경영정보학회 추계학술대회.

Jin, C. et al.(2024). Automatic Policy Classification: A Case Study on China's Policies. The 24th International Conference on Electronic Commerce, 2023.

Lee, K. et al.(1995). DAS: Intelligent Scheduling Systems for Shipbuilding. *AI Magazine*, 16(2), pp.78~94.

Lee, K. et al.(1998). FASTrak-APT: Case and Constraint- Based Construction Project Planning System. *AI Magazine*, 19(1), pp.13~24.

Lee, K.(2021.9.14). How AI Will Completely Change the Way We Live in the Next 20 Years. *Time*.

Lee, K. et al.(2021). Deploying an Artificial Intelligence Based Defect Finder for Manufacturing Quality Management. *AI Magazine*, 42(2), pp.5~18.

Lee, G. et al.(2024a). Developing Personalized Marketing Service Using Generative AI. *IEEE Access*, 12

Lee, K. et al.(2024b). General Commerce Intelligence: Glocally Federated NLP-Based Engine for Privacy Preserving and Sustainable Personalized Services of Multi-Merchants. *Proc. of AAAI 2024*, 38(21).

Lee, K. et al.(2025). Towards Minimally Domain-Dependent and Privacy-Preserving Architecture and Algorithms for Digital Me Services: EdNet and MIMIC-III Experiments. HICSS 2025.

10
AI에 의한 BM 혁신과 진화 전망

AI로 인해서 기존의 각종 비즈니스 모델이 어떻게 진화 발전하게 될지 설명을 시도한다. AI 에이전트 모델, 연합 AI 모델, 전사적 온프레미스 AI 모델, 인공 경제 모델을 소개한다.

종교와 AI?

AI 에이전트 모델의 등장

AI 엔진 모델이 많아지면, 역설적으로 엔진이 필요 없이 내외부의 사전학습된 AI 모델(엔진)을 부품처럼 사용하기도 하고, 또는 내외부의 에이전트를 호출해 주인인 사람의 목표 달성을 위해 결정 · 행동 · 학습하는 AI 에이전트 모델이 나타난다(이경전, 2024).

퍼플렉시티는 AI 에이전트 사업의 효시라고 할 수 있을 정도로 참고할 만하다. 이 회사는 여러 검색 엔진과 AI 모델(엔진)을 조합한다. 유료 서비스인 프로(Pro) 사용자는 지피티포오(GPT-4o), 클로드 3.5 소넷(Claude 3.5 Sonnet)과 클로드 3 오퍼스(Claude 3 Opus), 퍼플렉시티가 라마 3.1 70B(Llama 3.1 70B)와 라마 3.1 405B로 직접 훈련시킨 소나 라지(Sonar Large)와 소나 휴지(Sonar Huge) 중에 선택할 수 있다.

AI 에이전트 모델은 사용자 경험을 극대화하는 사용자 인터페이스(UI)를 개발하고 특화 기능을 추가하며 서비스의 질을 높여 기존 단일 AI 엔진을 넘는 부가가치를 창출한다. 뤼튼, 아숙업(AskUp)도 유사한 에이전트 BM을 가지고 있다. 젠스파크(GenSpark)와 스탠퍼드 스톰(Stanford Storm)도 더 심화한 답변과 작문 에이전트 서비스를 보여 준다.

AI 엔진 모델과 AI 에이전트 모델은 혼합될 수도 있다. 오픈에이아이는 AI 엔진 모델로 출발했으나, 서치지피티(SearchGPT) 등과 같이 점차 AI 에이전트 서비스도 출시하는 형태로 확장하고 있고, AI 에이전트 모델로 출발한 퍼플렉시티와 아숙업은 초기에는 자체 AI 엔진이 없이 외부 AI의 API를 사용했지만, 경쟁력을 높이고 비용을 절감하기 위해 자체 AI 엔진을 개발하고 있다.

AI 에이전트 모델은 검색, 상거래, 소셜 미디어 등의 서비스를 혁신해 기존 디지털 플랫폼 BM을 위협할 것이다. 퍼플렉시티는 구글과 네이버와 같은 검색 서비스를 위협하고 있다. 대화로 주식 투자를 하는 서비스 우디, 대화로 자동차를 판매하는 서비스 겟차(getcha.kr)의 등장은 기존의 상거래 BM을 위협하게 될 것이다. 사람들이 편리한 서비스를 선호하여 많이 사용하게 되면, 그 서비스가 플랫폼으로 변모한다.

퍼플렉시티, 우디, 겟차 등의 AI 에이전트 BM을 구축하는 사업 주체의 핵심 의사 결정은 1) 무엇을 목표로 할 것이며, 2) 목표의 달성을 위해 누구와 소통할 것인지, 이를 위해 필요한 3) 데이터의 공급 체계를 어떻게 구축해 나가면서, 4) 그 데이터를 활용해서 AI를 어떻게 계속 구축하고 협력할 것인가가 된다. 퍼플렉시티AI에 대입해 보면, 퍼플렉시티는 사용자의 질문에 가장 잘 대답하는 것이 목표이며, 이 목표의 달성을 위해 비용 효과적 언어모델, 그리고 콘텐트 사업자와 소통하며, 사용자의 질문과 사용 행태 데이터를 계속 공급받으면서, 이 데이터를 활용해서 콘텐트를 검색하는 방법과 검색된 콘텐트를 AI를 활용하여 적합한 답변으로 생성하는 노하우를 향상하며, 협력 대상을 최적 상태로 유지한다. AI 엔진이 AI 모델을 잘 구축하는 데에 관심이 있었다면, AI 에이전트는 다양하게 존재하는 AI 모델을 잘 활용하는 데 관심을 둔다는 면에서 큰 차이가 있다.

연합 AI 비즈니스 모델의 등장

연합학습(Federated Learning)에 기반한 연합 AI BM의 성장이 예상된다. 연합학습은 개인, 기업, 정부기관 등 사회 주체가 자신의 데이터를 노출하지 않고 독립적으로 모델을 훈련시킨 후, 학습한 AI 모델을 서로 통합(예: 가중 평균)하여 하나의 강력한 AI 모델을 만들고 이를 그들 간에 공유하는 방식이다. 이는 데이터 보호 규정을 엄격히 준수해야 하는 정부, 민간 모두에 중요한 돌파구를 제공한다(이경전, 2024.9.27).

현재까지는 각 국가와 기업들이 초거대 프론티어

AI(Frontier AI) 전략과 오픈소스 전략을 혼합하여 채택하는 가운데, 연합 AI 전략이 제3의 대안이 될 것이다(이경전, 2024.9.30). 이는 데이터 재산권 보호를 전제로 하면서도 데이터 활용을 극대화한다는 면에서, 시장경제의 원리에 가장 잘 맞는 첨단의 창의적 전략이다.

각 산업 분야에서 연합 AI를 선도 구축하고, 이를 지원하는 연합 데이터 뱅크 제도를 먼저 정립한 나라가 데이터 강국으로 도약할 것이다. 연합 데이터 뱅크 제도는 데이터를 AI 엔진의 연료로 활용하는 대가를 데이터 계좌 소유자에게 철저하게 제공하는 지속 가능한 AI 생태계를 실현한다.

각 국공립 연구소와 공공 연구기관들이 자신의 데이터를 중앙화하지 않고도 협력하면서 강력한 AI를 개발할 수 있다. 의학, 유전학, 뇌과학, 통신, 보안, 금융, 농학, 교통, 식품학, 사물인터넷, 영상, 자율주행 등 수많은 분야에서 나온 연합학습 성과가 사업화되어 고성능의 연합 AI BM으로 현실화할 것이다.

각국은 도처에 흩어져 있는 데이터를 모두 활용하여 AI를 개발하는 방법을 모색하다가 결국은, 연합학습 방법론을 채택할 것이다. 과학기술 발견을 주도할 연합 최적화 AI 모델 개발로 전체 AI의 성능을 높이는 국가가 지속 가능한 경쟁력을 확보할 것이다.

모든 사회 주체가 데이터 계좌를 가지고 데이터를 예치함으로써 데이터 자산을 증대하고, AI 개발에 기여한 만큼 대가를 받는 BM이 등장하게 될 것이다. 자신이 기여한 만큼 그에 비례해 AI 기업의 자본의 지분을 가지게 되는 데이터 자본주의 시대가 열릴 것이다. 프로라타(Prorata.AI)는 연합학습은 사용하지 않지만 비슷한 취지의 비즈니스 모델을 추진 중이다. 각국 정부는 데이터 자본주의 시스템을 완성하는 과정에서, 공공 부문뿐만 아니라 민간 사회 전반에 걸친 연합학습 활성화를 촉진하는 촉매로서의 역할을 수행하게 될 것이고, 국가 간 연합에 의한 AI가 개발되어 국가 간 제휴도 AI를 매개로 이루어질 것이다.

데이터 수집 산업이 등장하여 데이터 생성자와 데이터 뱅크를 연계할 것이고, '데이터 공장'이 데이터 수집이 어려운 산업에 필요한 합성 데이터를 제공함으로써 개인정보 보호 및 데이터 편향 문제 해결에 기여할 것이다. 각 데이터 주체가 모럴 해저드 없이 협동하고 경쟁하게 될 것이다. 개별 기업이 AI로 전환하는 것이 아닌, 하나의 산업을 통째로 AI로 전환하는 국가가 효율성과 시너지를 창조하여, 다양한 산업 분야의 경쟁력 또한 획기적으로 높이게 될 것이다.

전사적 온프레미스 AI 모델

기업들은 자사의 모든 데이터를 가지고 개발되어 운영되는 이른바 전사적 온프레미스(On-Premise) AI 모델의 추진을 심각하게 고려해야 하는 상황이다. 한국에서는 삼성전자, 기업은행, 한국수력원자력 등이 전사적 온프레미스 AI 개발을 시도 중이다.

기업의 초거대 언어모델 응용은 기존의 문서화와 소통에 의한 지식 경영을 넘어 기업을 대표하는 전사적 AI 모델이 모든 직원의 업무와 기업-고객 간 소통 등을 지원하는 것을 의미한다(이경전, 2024.8.24). 초거대 언어모델은 큰 것이 성능이 좋으므로 사람들은 성능이 좋은 큰 AI를 사용할 것이나, 특정 업무만을 위해 초거대 AI를 개발하는 것은 효과적이지도 비용 면에서 효율적이지도 않다. 따라서 중견 이상의 기업과 정부기관은 어떤 업무에 AI를 적용할지 개별적으로 의사 결정할 것이 아니라 기업 업무 전체를 지원하는 전사적 온프레미스 AI를 개발하고, 기업의 모든 데이터를 AI에 쏟아 넣는 의사 결정을 해야 한다. 그것이 가장 성능 좋은 AI를 장만하는 길이다.

기업과 정부 기관 등은 이를 위한 데이터 준비를 하루 빨리 시작해야 한다. 많은 기업이 직원 간 사내 업무 통화도 데이터화하지 않고 있는 상황이다. 소중한 내부 지식 교환이 허공으로 날아가 버리고 있는 것이다. 업무별 AI화는 노하우를 쌓기 위해서라도 시작해야 한다. 다만 그래픽처리장치(GPU) 등 인프라 도입, 소스 비공개 초거대 언어모델과 공개 모델 중 택일하는 결정 등은 시장 가격 추이와 경쟁 상황을 고려해 사려 깊게 결정하면 된다. 그 과정에서 데이터의 준비와 비즈니스 프로세스 혁신이 진행돼야 할 것이다. 조직에 지식과 경험이 쌓이면 전사적 온프레미스 AI 모델에 대한 제반 의사 결정을 내리고 신속하게 실행해 나가야 한다. 예를 들어 소형 모듈 원전을 제조하는 회사가 있다 할 때 전사적 데이터와 지식을 결합한 자사 지피티 개발은 회사의 핵심 경쟁력이 될 것이다. 자사의 지피티를 확보하고 있어야 핵심 인력의 이탈을 예방할 수 있고 타 기업과의 경쟁에서 더 빠르게 대응할 수 있다.

인공 경제 비즈니스 모델

AI 에이전트가 많아지는 시대가 되면, 이른바 인공 경제 시대가 도래할 수 있다. 경제 주체에 AI가 사람보다 더 많아지는 현상이 나타날 것이다. 플랫폼 경제에서는 소수의 독점적 플랫폼에 다수의 개인과 기업들이 의존하는 문제가 발생하는 반면, AI 에이전트 경제 또는 인공경제에서는 플랫폼의 힘은 빠지지만 AI 주체가 많아져서 발생하는 문제를 해결해야 한다.

결국 AI 에이전트를 어떻게 법적, 경영적으로 정의하고 다룰 것인가가 이슈가 될 것이다. 인간, 기업과 같은 책임 있는 주체와 연결되지 않았다고 주장하거나 연결이 불확실한 AI 에이전트가 불법 행위를 했을 때 처벌할 방법이 아직 미비하다. 우리가 어떤 개체에게 고통을 줄 방법이 없으면 그 존재에게는 법적인 지위를 주면 안 된다. 신체적 · 재무적 징벌을 당할 수 있어야 사회 주체로 같이 활동할 수 있다.

위조 화폐가 사회에 큰 위협이 돼 왔고, 그래서 위조 화폐를 만들고 유통하는 자가 사형과 사지가 찢기는 형벌을 받아 온 것처럼 실제 인간이 아닌데 위조 인간을 만들어, 다른 인간들이 착각하게 만드는 것은 위조 화폐를 만드는 것에 못지않게 심각하게 처벌해야 한다는 주장이 있다(Dennett, 2023.5.16). 위조 인간은 고통을 느끼지 않는 등 처벌할 방법이 없으므로 비도덕적 행위자가 쉽게 될 수 있다는 것이다. 형이상학적 이유가 아니라 단순하고 물리적인 이유에서다. 위조 인간은 불멸이기 때문에 위조 인간을 만드는 기술 개발자에 대한 엄격한 책임이 필요하다고 설명한다. 사실 좋은 일만 하는 위조 인간을 만드는 것은 필요할 수 있다. 하지만 그 위조 인간이 사람인 척 사람들을 속이는 것은 금지해야 할 것이다. 다가올 AI 에이전트 경제 또는 인공 경제 체제에 대한 연구가 더 필요한 상황이다.

참고문헌

이경전(2024). 『AI 에이전트와 사회 변화』. 커뮤니케이션북스.

이경전(2024.8.24). [이경전의 AI와 비즈니스 모델] 전사적 인공지능 모델로 직진하라. ≪한국경제≫, A28면.

이경전(2024.9.27). 이경전의 행복한 AI 읽기 (14) AI 산업의 파편화 위기 넘어 연합 AI 산업 생태계 구축하자. ≪주간경향≫, 1597호.

이경전(2024.9.30). 한국 AI 글로벌 빅3가 되려면. ≪한국경제≫, 33면.

Dennett, C.(2023.5.16). *The Problem With Counterfeit People.* The Atlantic.

이경전

2003년부터 경희대학교 경영대학에서 교수(경영학과, 빅데이터응용학과, 첨단기술비즈니스학과)로 재직 중이며, 한국연구재단 중점연구소 빅데이터 연구센터와 인공지능 & 비즈니스 모델 연구소(AI-BM.net) 소장을 맡고 있다. 2017년 한국지능정보시스템학회 회장을 지냈고, 한국경영정보학회 AI 연구회 회장, 한국경영연구원(KMDI) AI 비즈니스응용연구회 회장으로 재임 중이다. 카이스트(KAIST)에서 경영과학 학사·석사·박사 학위를 받고, 서울대에서 행정학 석박사를 수료했으며, 카네기멜론대학(Carnegie Mellon University), UC 버클리(Berkeley), 매사추세츠공과대학(MIT)에서 초빙 과학자·교수로 활동했다. 주요 저서로는 『버튼터치하트』(2018), 『AI 에이전트와 사회 변화』(2024), 『Life with Intelligence: AI는 어떻게 인생의 무기가 되는가』(2024) 등이 있으며, 미국인공지능학회(AAAI)로부터 네 차례(1995, 1997, 2020, 2024년) 혁신적 인공지능 응용상(IAAI Award)을, 전자정부유공자 대통령 표창을 수상했다. ≪AI Magazine≫에 세 편의 논문을 발표하는 등 100편 이상의 국내외 논문을 발표하고 다양한 공공기관과 기업의 자문 교수로도 활동 중이다. 유튜브 '경전TV' 채널을 개설하고 있다. 공학한림원 회원이다.